30日で話せる韓国語会話

鄭 恵賢＋
韓国語センター
BRAVO!
［著］

ナツメ社

はじめに

　多くの本の中からこの本を手に取っていただきまして、ありがとうございます。本書は、ハングル（韓国語の文字）の読み書きができない人でも、基本的な韓国語会話を 30 日で効果的に身につけられることを目指した本です。きちんとした発音を身につけるには、ハングルを読めるようになることがいちばんよいと考えていますが、この本ではハングルの説明は最小限にとどめ、丸暗記できて日常会話に役立つフレーズを集めました。

　まず「ステップ 1」では、自分の言いたいことを相手に伝えるフレーズを紹介しています。そして「ステップ 2」では一往復程度の会話、「ステップ 3」では二往復程度の会話ができるようになることを目指します。

　さらに韓国語にはさまざまな文体があり、相手が目上か目下かによって、ハムニダ体（かしこまった、ていねい形）とヘヨ体（うちとけた、ていねい形）を使い分けます。つまり、こちらがハムニダ体で話しかけても、ヘヨ体で答えが返ってくることが、よくあるのです。本書では、これらがどのように違うのかを覚えてもらえるよう、本文にハムニダ体とヘヨ体を併記しました。

　「今日の例文」は、特に覚えてほしいフレーズばかりです。「入れ替え単語」を使ってアレンジしやすいようにまとめてあります。「発音のつぼ」では、カタカナでは表現しきれない発音のポイントを紹介しています。どうぞ、CD でネイティブの発音を繰り返し聴いてコツをつかんでください。「ワンポイント」や「韓国まめ知識」は韓国と日本の文化の違いなど、楽しく読めてなおかつ会話のヒントになるような情報を掲載しました。

　本書が、ひとりでも多くの方にとって、韓国語はもちろん韓国の文化に興味を持っていただくきっかけとなれば幸いです。

　最後にこの場をお借りして、本書の実現にご尽力いただいたすべての方に心からお礼を申し上げます。

著　者

本書の特徴と使い方

本書は、はじめて韓国語にチャレンジする方が、30日で会話を学べるよう、さまざまな工夫が施された入門書です。

3ステップ方式

段階的に学習し、レベルアップを実感できるよう3ステップ方式にしました。STEP1ではあいさつや自己紹介など基本のフレーズ、STEP2は1往復の簡単なやりとり、STEP3は2往復程度の会話を学びます。1日分は無理なく続けられる6ページ構成となっていて、初めの4ページでフレーズを学び、最後2ページの「おさらい」で1日のまとめをします。

ネイティブナレーションCD

フレーズや語句は、日本語とともにネイティブの発音でCDに収録。

● 1日分の例

CDトラックは、1日ごとに分かれています。

その日に紹介する主なフレーズを示しています。

すべての韓国語にフリガナがふってあります。

イラスト入りで、楽しみながら韓国語を習得できます。

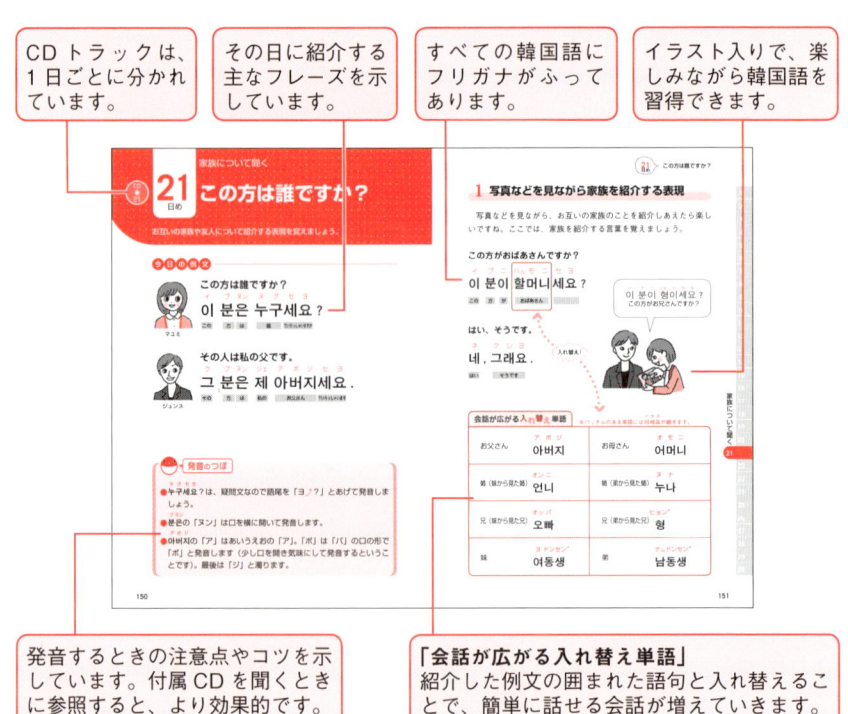

発音するときの注意点やコツを示しています。付属CDを聞くときに参照すると、より効果的です。

「会話が広がる入れ替え単語」
紹介した例文の囲まれた語句と入れ替えることで、簡単に話せる会話が増えていきます。

文の構造がわかるように例文に逐語訳がついています。

色文字を赤シートで隠して、フリガナに頼らず発音してみましょう。

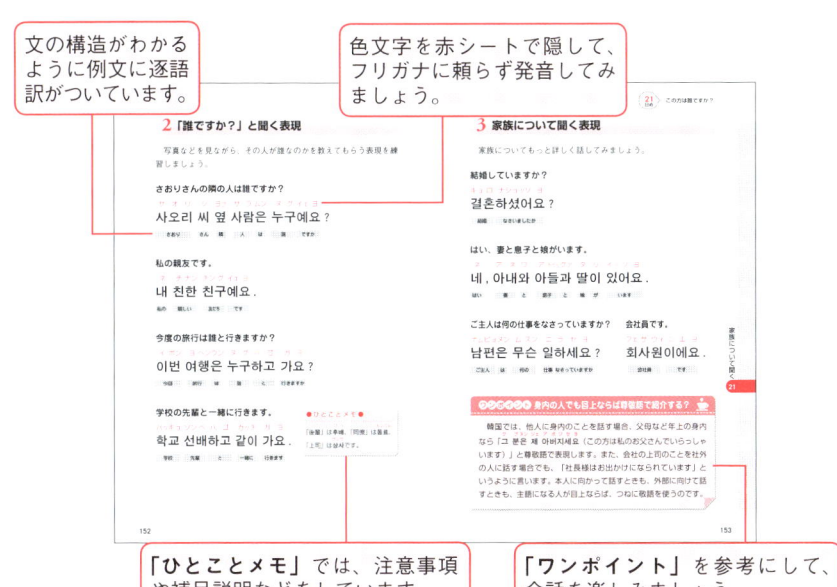

「ひとことメモ」では、注意事項や補足説明などをしています。

「ワンポイント」を参考にして、会話を楽しみましょう。

その日に学習した内容を、イラストを盛りこんだ問題で復習します。

赤シートで隠せる解答と充実した解説で、確実に身につきます。

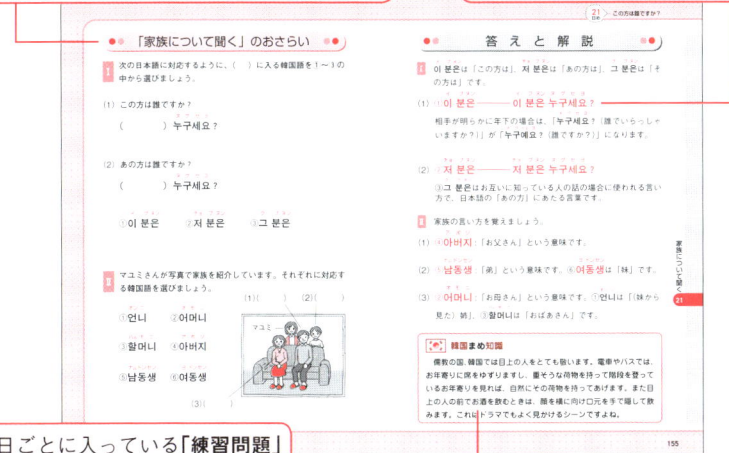

数日ごとに入っている「練習問題」は、少し応用的な問題で、レベルアップを図ることができます。

「韓国まめ知識」では、韓国の生活や文化などを楽しく紹介しています。

便利な「イラスト単語集」

会話でよく使う単語やフレーズなどを、イラストをふんだんに使ってシーン別にまとめました。取り外せるので、旅行などにも携帯できます。

･C･O･N･T･E･N･T･S･

30日で話せる韓国語会話

はじめに …………………………………………………………………………… 3
本書の特徴と使い方 ……………………………………………………………… 4

プロローグ ……………………………………………………………………… 11

STEP 1 言ってみよう

1日め あいさつする① こんにちは　　16
1　便利なあいさつ言葉「안녕하세요?（こんにちは）」
2　別れのあいさつ　　3　韓国特有のあいさつ
4　いろいろなあいさつ　　▶「あいさつする①」のおさらい

2日め あいさつする② ありがとうございます　　22
1　お礼の言葉　　2　おわびの言葉とねぎらいの言葉
3　いろいろな気持ちを伝える言葉　　▶「あいさつする②」のおさらい

3日め 自分のことを言う① 私はマユミと申します　　28
1　名前を言う表現　　2　職業・国籍を言う表現
3　趣味を言う表現　　▶「自分のことを言う①」のおさらい

4日め 自分のことを言う② 東京から来ました　　34
1　どこから来たかを言う表現　　2　過去の自分を伝える表現
3　未来の予定を伝える表現　　4　いろいろな自己紹介のフレーズ
▶「自分のことを言う②」のおさらい

● 1－4日め　練習問題 …………………………………………………… 40

6

5日め 要求を伝える① これをください　　　44
1 「～をください」という表現　　2 「～してください」という表現
3 「～しないでください」という表現　　4 「ください」の表現を広げよう
▶ 「要求を伝える①」のおさらい

6日め 要求を伝える② 行きたいです　　　50
1 「したいです」の表現　　2 「ほしいです」の表現1
3 「ほしいです」の表現2　　▶ 「要求を伝える②」のおさらい

7日め 感想を言う① おいしいです　　　56
1 「おいしそう」「おいしい」「おいしかった」を使い分けてみよう
2 「あります」「ありません」で言える表現　　3 感想を言ういろいろな表現
4 感嘆を表す一言　　▶ 「感想を言う①」のおさらい

8日め 感想を言う② とてもうれしいです　　　62
1 「～すぎます」の表現　　2 感想を伝える表現
3 表現を強調する副詞　　4 感情を伝える一言
▶ 「感想を言う②」のおさらい

● 5-8日め　練習問題 ……………………………………………… 68
＊ コラム　言葉を覚えるには、実践あるのみ！ ………………… 72

STEP 2 話しかけてみよう

9日め あいさつを交わす お元気でしたか？　　　74
1 元気でいるかを聞く表現　　2 お天気を聞く表現
3 「ご飯食べましたか（元気ですか）？」　　▶ 「あいさつを交わす」のおさらい

10日め 名前・趣味を聞く お名前は何ですか？　　　80
1 相手のことをもっと聞く表現　　2 いろいろな場面での活用
3 仕事や趣味を聞く表現　　▶ 「名前・趣味を聞く」のおさらい

C・O・N・T・E・N・T・S

11日め 物のことを聞く　これは何ですか？　　　86
1　指示代名詞　　2　位置名詞
3　疑問詞　　　▶「物のことを聞く」のおさらい

12日め 値段を聞く　これはいくらですか？　　　92
1　値段を聞く表現　　2　漢数詞
3　漢数詞で数える助数詞　▶「値段を聞く」のおさらい

13日め 場所を聞く　トイレはどこですか？　　　98
1　場所を表す指示代名詞　　2　道をたずねる表現1
3　道をたずねる表現2　▶「場所を聞く」のおさらい

14日め 要望を聞く　何がしたいですか？　　　104
1　「したい」「したくない」の表現　　2　否定の表現
3　相手に提案する表現　▶「要望を聞く」のおさらい

15日め 好き嫌いを聞く　韓国ドラマがお好きですか？　　　110
1　好き、嫌いを聞く表現　　2　料理名を覚えよう
3　好みを言ういろいろな表現　▶「好き嫌いを聞く」のおさらい

●9-15日め　練習問題　………………………………………116

16日め 理由・方法を聞く　どうやって食べますか？　　　120
1　理由を聞く表現　　2　方法を聞く表現
3　方法、手段をたずねる　▶「理由・方法を聞く」のおさらい

17日め お誘いする　ミョンドンに行きませんか？　　　126
1　「〜しませんか？」と勧誘する表現　　2　「〜しましょう」と提案する表現
3　「〜しましょうか」と勧誘する表現　　4　お誘いに対しての返事
▶「お誘いする」のおさらい

18日め 買い物する　コートありますか？　　　132
1　「ありますか？」と聞く表現　　2　いろいろな色の表現を覚えよう
3　買い物で使える表現　▶「買い物する」のおさらい

19 日め 言い方を聞く　これは韓国語で何と言いますか？　138
1 韓国語で何と言うかを聞く表現
2 チマチョゴリのパーツの名前を覚えよう
3 もう一度確認したいときの表現　▶「言い方を聞く」のおさらい

20 日め 時間を聞く　今何時ですか？　144
1 時間を聞く表現　　　　　　　2 固有数詞
3 固有数詞で数える助数詞　　　▶「時間を聞く」のおさらい

21 日め 家族について聞く　この方は誰ですか？　150
1 写真などを見ながら家族を紹介する表現
2「誰ですか？」と聞く表現　　3 家族について聞く表現
▶「家族について聞く」のおさらい

22 日め 許可を求める　ここで写真を撮ってもいいですか？　156
1 許可を求める表現　　　　　　2 いろいろな許可を求める表現
3「〜してはいけません」の表現　▶「許可を求める」のおさらい

- 16 − 22 日め　練習問題 ……………………………………… 162
* コラム　満1歳の誕生日会、돌잔치(トルジャンチ) ……………………………… 166

STEP 3　会話を続けよう

23 日め 電話する　もしもし。予約をしたいのですが　168
1「〜したいのですが」と打診する表現
2「〜でお願いします」と依頼する表現
3 予約のときに使える表現　　　▶「電話する」のおさらい

24 日め 食事に誘う　韓国料理を食べに行きませんか？　174
1「〜行きませんか？」と勧誘する表現　2 飲み物の名前を覚えよう
3 飲食店で使える表現　　　　　▶「食事に誘う」のおさらい

9

·C·O·N·T·E·N·T·S·

25 日め 韓国について話す　韓国はどうですか？　180
1. 「～どうでしたか？」と聞く表現
2. 韓国の地名を覚えよう
3. アカスリの感想を言う表現
▶ 「韓国について話す」のおさらい

26 日め 観光する　写真を撮っていただけますか？　186
1. 「～していただけますか？」と打診する表現
2. 「～するだけでいいです」と依頼する表現
3. 観光地で使える表現
▶ 「観光する」のおさらい

● 23－26 日め　練習問題 …………………………………… 192

27 日め 理由を聞く　なぜ韓国語を勉強されているのですか？　196
1. 「なぜ～されているのですか？」と聞く表現
2. 「～したいからです」と理由を答える表現
3. 韓国語の学習法を答えるときに使う表現
▶ 「理由を聞く」のおさらい

28 日め 連絡先を聞く　メールアドレスを教えてください　202
1. 「～しますね」と約束する表現
2. 「～教えてください」と依頼する表現
3. 家族のことなどを聞く表現
▶ 「連絡先を聞く」のおさらい

29 日め 食事の感想を話す　とても辛いです　208
1. 「どうですか？」と聞く表現
2. 味の表現を覚えよう
3. 食事の感想を言う表現
▶ 「食事の感想を話す」のおさらい

30 日め 値段交渉する　ちょっと安くしてください　214
1. 「～ウォンにしてください」とお願いする表現
2. 「1個おまけにしてください」とお願いする表現
3. いろいろな買い物交渉の表現
▶ 「値段交渉する」のおさらい

● 27－30 日め　練習問題 …………………………………… 220

別冊付録　イラスト単語集

プロローグ

会話を始める前に基礎的な知識を知っておきましょう。ここではハングル（文字）の基本、漢字語や文法の特徴について説明します。

- ハングル（文字）の基本……………………………………… 12
- 文法の基本…………………………………………………… 13
- ハングル表…………………………………………………… 14

ハングル（文字）の基本

　ハングルは韓国語の発音を表す、表音文字です。韓国語には、19個の子音と21個の母音がありますが、ローマ字と同じようにこれらの子音と母音を組み合わせて、その言葉の発音を文字で表します。

　組み合わせのパターンとしては、①「子音＋母音」、②「子音＋母音＋子音」の2パターンがあります。

① 「子音＋母音」の例　　　② 「子音＋母音＋子音」の例

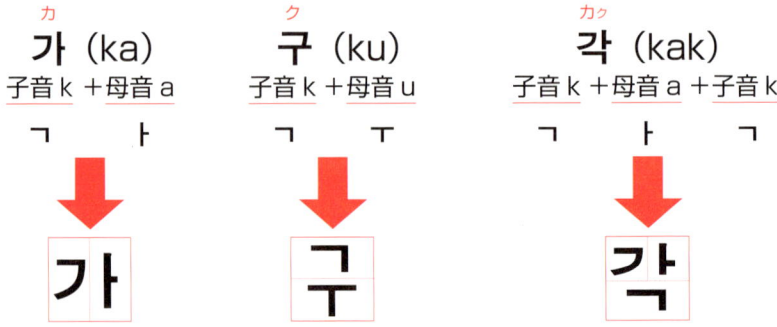

① 「子音＋母音」の組み合わせ
　子音と母音を横に並べるものと、子音と母音を縦に並べるものがありますが、どちらもローマ字を読む感覚で読めます。

② 「子音＋母音＋子音」の組み合わせ
　子音で終わる文字です。下につく最後の子音を「パッチム（"下から支えるもの"の意）」と呼びます。韓国語の学習では、この「パッチム」という言葉がよく出てきます。本書ではパッチムがある（または子音で終わる）、パッチムがない（または母音で終わる）という言い方をしています。

文法の基本

韓国語は、日本語と語順がほぼ一緒です。「てにをは」にあたる助詞があること、敬語表現があること、漢字語があることなど、日本語と共通する部分がいろいろあります。

① 韓国語は日本語とよく似ている

<ruby>저<rt>チョ</rt></ruby><ruby>는<rt>ヌン</rt></ruby> <ruby>회사원<rt>フェ サ ウォン</rt></ruby><ruby>입니다<rt>イム ニ ダ</rt></ruby> .　　　私は会社員です。
私　は　　会社員　　です

저が「私」のていねいな言い方、**는**が助詞の「は」、**회사원**が漢字語の「会社員」、**입니다**が敬語表現の「です」になります。

② 用言の語尾活用がある

動詞・形容詞などの用言の語尾を変え、いろいろな表現をします。

~**이다**（~である）→~**입니다**（~です）、~**입니까?**（~ですか?）

③ 漢字語を覚えれば語彙が広がる

회사원は「会社員」という漢字語です。**회**が「会」、**사**が「社」、**원**が「員」の漢字にあたります。基本的に１つの漢字には１つの読み方（音読み）しかないため、「会・社・員」という漢字の組み合わせで、語彙を増やせます。

회사	사회	사원	회원
会社	社会	社員	会員

ハングル表

ハングル（文字）の一覧です。

基本母音 / 子音	ㅏ [a]	ㅑ [ja]	ㅓ [ɔ]	ㅕ [jɔ]	ㅗ [o]	ㅛ [jo]	ㅜ [u]	ㅠ [ju]	ㅡ [ɯ]	ㅣ [i]
ㄱ [k/g]	가 カ	갸 キャ	거 コ	겨 キョ	고 コ	교 キョ	구 ク	규 キュ	그 ク	기 キ
ㄴ [n]	나 ナ	냐 ニャ	너 ノ	녀 ニョ	노 ノ	뇨 ニョ	누 ヌ	뉴 ニュ	느 ヌ	니 ニ
ㄷ [t/d]	다 タ	댜 ティャ	더 ト	뎌 ティョ	도 ト	됴 ティョ	두 トゥ	듀 ティュ	드 トゥ	디 ティ
ㄹ [r/l]	라 ラ	랴 リャ	러 ロ	려 リョ	로 ロ	료 リョ	루 ル	류 リュ	르 ル	리 リ
ㅁ [m]	마 マ	먀 ミャ	머 モ	며 ミョ	모 モ	묘 ミョ	무 ム	뮤 ミュ	므 ム	미 ミ
ㅂ [p/b]	바 パ	뱌 ピャ	버 ポ	벼 ピョ	보 ポ	뵤 ピョ	부 プ	뷰 ピュ	브 プ	비 ピ
ㅅ [s/ʃ]	사 サ	샤 シャ	서 ソ	셔 ショ	소 ソ	쇼 ショ	수 ス	슈 シュ	스 ス	시 シ
ㅇ [-/ŋ]	아 ア	야 ヤ	어 オ	여 ヨ	오 オ	요 ヨ	우 ウ	유 ユ	으 ウ	이 イ
ㅈ [tʃ/dʒ]	자 チャ	쟈 チャ	저 チョ	져 チョ	조 チョ	죠 チョ	주 チュ	쥬 チュ	즈 チュ	지 チ
ㅊ [tʃʰ]	차 チャ	챠 チャ	처 チョ	쳐 チョ	초 チョ	쵸 チョ	추 チュ	츄 チュ	츠 チュ	치 チ
ㅋ [kʰ]	카 カ	캬 キャ	커 コ	켜 キョ	코 コ	쿄 キョ	쿠 ク	큐 キュ	크 ク	키 キ
ㅌ [tʰ]	타 タ	탸 ティャ	터 ト	텨 ティョ	토 ト	툐 ティョ	투 トゥ	튜 ティュ	트 トゥ	티 ティ
ㅍ [pʰ]	파 パ	퍄 ピャ	퍼 ポ	펴 ピョ	포 ポ	표 ピョ	푸 プ	퓨 ピュ	프 プ	피 ピ
ㅎ [h]	하 ハ	햐 ヒャ	허 ホ	혀 ヒョ	호 ホ	효 ヒョ	후 フ	휴 ヒュ	흐 フ	히 ヒ
ㄲ [ʔk]	까 カ	꺄 キャ	꺼 コ	껴 キョ	꼬 コ	꾜 キョ	꾸 ク	뀨 キュ	끄 ク	끼 キ
ㄸ [ʔt]	따 タ	땨 ティャ	떠 ト	뗘 ティョ	또 ト	뚀 ティョ	뚜 トゥ	뜌 ティュ	뜨 トゥ	띠 ティ
ㅃ [ʔp]	빠 パ	뺘 ピャ	뻐 ポ	뼈 ピョ	뽀 ポ	뾰 ピョ	뿌 プ	쀼 ピュ	쁘 プ	삐 ピ
ㅆ [ʔs/ʃ]	싸 サ	쌰 シャ	써 ソ	쎠 ショ	쏘 ソ	쑈 ショ	쑤 ス	쓔 シュ	쓰 ス	씨 シ
ㅉ [ʔtʃ]	짜 チャ	쨔 チャ	쩌 チョ	쪄 チョ	쪼 チョ	쬬 チョ	쭈 チュ	쮸 チュ	쯔 チュ	찌 チ

合成母音 / 子音	ㅐ [ɛ]	ㅒ [jɛ]	ㅔ [e]	ㅖ [je]	ㅘ [wa]	ㅙ [wɛ]	ㅚ [we]	ㅝ [wɔ]	ㅞ [we]	ㅟ [wi]	ㅢ [ɯi]
ㅇ [-]	애 エ	얘 イェ	에 エ	예 イェ	와 ワ	왜 ウェ	외 ウェ	워 ウォ	웨 ウェ	위 ウィ	의 ウィ

言ってみよう

会話の始まりは、まずあいさつから。自己紹介の表現や要望、感想を伝える表現などを、かしこまったていねい形のハムニダ体中心に紹介します。

1日め	あいさつする①	こんにちは	16
2日め	あいさつする②	ありがとうございます	22
3日め	自分のことを言う①	私はマユミと申します	28
4日め	自分のことを言う②	東京から来ました	34
◆ 1-4日め 練習問題			40
5日め	要求を伝える①	これをください	44
6日め	要求を伝える②	行きたいです	50
7日め	感想を言う①	おいしいです	56
8日め	感想を言う②	とてもうれしいです	62
◆ 5-8日め 練習問題			68
●コラム 言葉を覚えるには、実践あるのみ！			72

 あいさつする①

1日め こんにちは

まずは、あいさつがしっかり言えるように練習しましょう。

今日の例文

マユミ

こんにちは。
アンニョンハ　セ　ヨ
안녕하세요?
　お元気　　　ですか

ジュンス

はじめまして。
チョウム　ペプケッスム　ニ　ダ
처음 뵙겠습니다.
　初めて　　　　お目にかかります

発音のつぼ

● アンニョンハセヨ　　　ハ
안녕하세요? の하はハとは聞こえないほど、アに近いハになります。

● チョウム
처음の「ム」は子音のm。子音のmは、日本語にもあります。これは「さんま（samma）」と言うときの「ん（m）」で、実際は音を出すというよりは口を結ぶようにすると自然な発音になります。

> 1
> 日め　こんにちは

1 便利なあいさつ言葉「안녕하세요?（こんにちは）」

안녕하세요？は朝、昼、晩と時間を問わず使うことができます。ただし、相手と自分の関係によって使い分けがあります。

◆うちとけたていねいな言い方

幅広い相手に使える表現。うちとけた言い方ではありますが、ていねいな言い方なので、それほど親しくない相手にも使えます。語尾が「〜ヘヨ」「〜ヨ」で終わる文体で、これを「ヘヨ体」といいます。

うちとけたていねい形
ヘヨ体 안녕하세요？
　　　　お元気　ですか

◆かしこまったていねいな言い方

目上の人、親しくない人に対して使う、最もていねいな言い方です。語尾が「〜ハムニダ」「〜ムニダ」で終わる文体で、これを「ハムニダ体」といいます。

かしこまったていねい形
ハムニダ体 안녕하십니까？
　　　　お元気　でいらっしゃいますか

● ひとことメモ ●
ステップ1は「ハムニダ体」中心に例文を紹介します。

◆同等の人、年下の人に使うくだけた言い方

友だちや年下の人に使う、くだけた少しぞんざいな表現です。語尾を省略した言い方をするので、「반말（半分言葉）」と言います。

パンマル 안녕？
　　　　元気

17

2 別れのあいさつ

「さようなら」の言い方は、2つあります。相手がその場から立ち去る（どこかに行く）か、その場にとどまる（そこにいる）かによって使い分けるので注意してください。

さようなら。 ※先にその場を立ち去る人に対して。

アンニョンヒ　ガ　セ　ヨ
안녕히 가세요.

`お元気で` `行ってください`

안녕히 계세요.
さようなら。

안녕히 가세요.
さようなら。

さようなら。 ※その場に残る人に対して。

アンニョンヒ　ゲ　セ　ヨ
안녕히 계세요.

`お元気で` `いてください`

3 韓国特有のあいさつ

戦後の食糧難時代の名残で、元気でいるかを聞く意味で今もこの言葉が使われています。「**먹었습니다**（食べました）」「**안 먹었습니다**（食べていません）」で答えます。

食事されましたか（お元気でいらっしゃいますか）？

シ ク　サ　ハ　ショッスム ニ ッカ
식사하셨습니까?

`食事` `されましたか`

うちとけた
ていねい形
ヘヨ体　シ ク サ ハ ショッソ　ヨ
식사하셨어요?

4 いろいろなあいさつ

お久しぶりです。

オ レ ガン マ ニ ム ニ ダ
오래간만입니다.
長い　間　ぶり　です

うちとけた ていねい形 ／ ヘヨ体
オ レ ガン マ ニ エ ヨ
오래간만이에요.

お元気でしたか？

チャル ジ ネ ショッスム ニッカ
잘 지내셨습니까?
よく　過ごされていましたか

うちとけた ていねい形 ／ ヘヨ体
チャル ジ ネショッソ ヨ
잘 지내셨어요?

よろしくお願いします。

チャル プ タクトゥリム ニ ダ
잘 부탁드립니다.
よく　お願いいたします

うちとけた ていねい形 ／ ヘヨ体
チャル プ タケ ヨ
잘 부탁해요.

おやすみなさい。

アン ニョン ヒ ジュ ム セ ヨ
안녕히 주무세요.
お元気で　休んでください

● ひとことメモ ●
これはヘヨ体。日本語のように夜の別れのあいさつにはあまり使いません。

お気をつけて。

チョ シ マ セ ヨ
조심하세요.
注意　してください

● ひとことメモ ●
これもヘヨ体ですが、尊敬表現なので親しくない相手に使っても大丈夫。上の**안녕히 주무세요**も同様です。

「あいさつする①」のおさらい

I 次の韓国語にあてはまる日本語を①〜③の中から選びましょう。

(1) <ruby>안녕하세요<rt>アンニョハ セ ヨ</rt></ruby>？

①おやすみなさい　②こんにちは　③お元気でしたか？

(2) <ruby>식사하셨습니까<rt>シク サ ハ ショッスム ニ ッカ</rt></ruby>？

①さようなら　②よろしくお願いします　③食事されましたか？

II 次の絵の吹き出しに合うあいさつを①〜③の中から選びましょう。

①안녕히 가세요．　　②안녕히 계세요．

③안녕히 주무세요．

20

1日め こんにちは

答えと解説

Ⅰ 基本的なあいさつ言葉の練習をしましょう。

(1) ②こんにちは

안녕하세요？（アンニョハセヨ）は、「おはようございます」や「こんばんは」としても使えます。
①「おやすみなさい」は안녕히 주무세요（アンニョンヒ ジュムセヨ）、③「お元気でしたか？」は잘 지내셨습니까？（チャル ジネショッスムニッカ）です。

(2) ③食事されましたか？

直訳すれば「食事されましたか？」ですが、「お元気ですか？」のように使われています。

Ⅱ 「さようなら」の使い分けを覚えましょう。

(1) ①안녕히 가세요．（アンニョンヒ ガセヨ）

先にその場を立ち去る人に対して言います。直訳すれば「お元気で行ってください」という意味です。

(2) ②안녕히 계세요．（アンニョンヒ ゲセヨ）

その場に残る人に対して言います。直訳すれば「お元気でいてください」という意味です。

 韓国まめ知識

안녕히 가세요（アンニョンヒ ガセヨ）は先にその場を立ち去る人に対して言い、안녕히 계세요（アンニョンヒ ゲセヨ）はその場に残る人に対して言います。外でどちらもその場を立ち去る（その場に残る人がいない）場合は、お互いに안녕히 가세요（アンニョンヒ ガセヨ）と言います。また、電話のようにどちらもその場に残る場合は、お互いに안녕히 계세요（アンニョンヒ ゲセヨ）と言って、電話を切ります。

2日め ありがとうございます

気持ちを伝えるあいさつを身につけましょう。

ケンタロウ

ありがとうございます。
カム サ ハム ニ ダ
감사합니다.
感謝　　します

ヨンミ

すみません（ごめんなさい）。
ミ ア ナム ニ ダ
미안합니다.
すまないです

 発音のつぼ

● カム サ ハム ニ ダ　　ミ ア ナム ニ ダ
감사합니다と미안합니다に出てくるすべての「ム」は子音のm。ム（mu）ではなくてmの音で、uは発音しません。ム（mu）を途中でやめる感じで、口を結んで発音します。

● 子音のmは、日本語にもあります。これは「さんま（samma）」と言うときの「ん（m）」で、実際は音を出すというよりは口を結ぶようにすると自然な発音になります。

 ありがとうございます

1 お礼の言葉

감사합니다(カムサハムニダ)は、どのような相手に使っても失礼にあたらない言い方。고맙습니다(コマプスムニダ)のほうが、少しうちとけた言い方です。

ありがとうございます。

カムサハムニダ
감사합니다.
感謝 します

うちとけた ていねい形 カムサヘヨ
ヘヨ体 감사해요.

ありがとうございます。

コマプスムニダ
고맙습니다.
ありがたいです

うちとけた ていねい形 コマウォヨ
ヘヨ体 고마워요.

ありがとうございました。

コマウォッスムニダ
고마웠습니다.
ありがたかったです

うちとけた ていねい形 コマウォッソヨ
ヘヨ体 고마웠어요.

どういたしまして。

チョンマネマルスミムニダ
천만의 말씀입니다.
千 万 の お言葉 です

うちとけた ていねい形 チョンマネヨ
ヘヨ体 천만에요.

23

2 おわびの言葉とねぎらいの言葉

　미안합니다(ミアナムニダ)は、人を呼び止めるときの「すみません」には使いません。呼び止めるときには「잠깐만요(チャムッカンマンニョ)（ちょっと待ってください）」を使います。

すみません（ごめんなさい）。

미안합니다.
（ミアナムニダ）
すまないです

ヘヨ体 미안해요.
（ミアネヨ）
うちとけたていねい形

申し訳ありません。

죄송합니다.
（チェソンハムニダ）
恐縮　します

ヘヨ体 죄송해요.
（チェソンヘヨ）
うちとけたていねい形

お疲れさまでした。

수고하셨습니다.
（スゴハショッスムニダ）
ご苦労　されました

ヘヨ体 수고했어요.
（スゴヘッソヨ）
うちとけたていねい形

お疲れさまです。

수고하세요.
（スゴハセヨ）
ご苦労　なさってください

●ひとことメモ●
これはヘヨ体ですが、尊敬表現なので親しくない相手に使っても大丈夫です。

ありがとうございます

3 いろいろな気持ちを伝える言葉

괜찮습니다 は、「大丈夫」「気にしないで」「OK！」や「(断るときの)結構です」など、いろいろな意味で使えます。

大丈夫です（構いません）。

괜찮습니다.
平気です

ヘヨ体 **괜찮아요.**

いただきます。

잘 먹겠습니다.
よく　　食べます

ヘヨ体 **잘 먹겠어요.**

ごちそうさまでした。

잘 먹었습니다.
よく　　食べました

ヘヨ体 **잘 먹었어요.**

ワンポイント 「ありがとうございます」の使い分け

감사합니다がいちばんかしこまったていねいな言い方、次にていねいなのが**고맙습니다**です。
감사해요や**고마워요**は、ていねい語ではありますが少しくだけた言い方なので、初対面の人、目上の人に対しては、**감사합니다**を使うほうが無難です。

「あいさつする②」のおさらい

I 次の場面に使う言葉として、ふさわしくないものを①〜③の中からそれぞれ一つ選びましょう。

(1) お礼を言う。

　　_{カム サ ハム ニ ダ}　　　　_{コ マプスム ニ ダ}　　　　_{ミ アナム ニ ダ}
　　①감사합니다．　②고맙습니다．　③미안합니다．

(2) おわびを言う。

　　_{チェソンハム ニ ダ}　　　　_{カム サ ハム ニ ダ}　　　　_{ミ アナム ニ ダ}
　　①죄송합니다．　②감사합니다．　③미안합니다．

II 次の日本語の訳として、ふさわしい韓国語を①〜③の中から一つ選びましょう。

(1) いただきます。

(2) ごちそうさまでした。

　　_{チャル モ ゴッスム ニ ダ}　　　_{コ マプスム ニ ダ}　　　_{チャル モ ケッスム ニ ダ}
　　①잘 먹었습니다．　②고맙습니다．　③잘 먹겠습니다．

26

2日め　ありがとうございます

答えと解説

I　**고맙습니다**（コマプスムニダ）は「ありがとうございます」、**죄송합니다**（チェソンハムニダ）は「申し訳ありません」です。

(1) ③**미안합니다．**（ミアナムニダ）　ごめんなさい。

おわびを言うときに使います。話しかけるときに「**미안한데요**（ミアナンデヨ）（すみませんが）」と使うこともあります。

(2) ②**감사합니다．**（カムサハムニダ）　ありがとうございます。

直訳すれば「感謝します」ですが、「ありがとうございます」の意味でも使います。

II　食事のときのあいさつを覚えましょう。

(1) ③**잘 먹겠습니다．**（チャル モッケッスムニダ）

直訳すれば「よく食べます」という意味です。

(2) ①**잘 먹었습니다．**（チャル モゴッスムニダ）

直訳すれば「よく食べました」という意味です。

🇰🇷 韓国まめ知識

괜찮아요（ケンチャナヨ）は「大丈夫」の意味でよく使われる言葉ですが、韓国人は「なんとかなるさ！」という気持ちを込めて使う場合が多いようです。日本人から見ると韓国人の**괜찮아요**（ケンチャナヨ）はあてにならないと言われますが、苦しいときでも「なんとかなる！」と大らかに前向きに考えられることは韓国人気質のよい部分のひとつです。

自分のことを言う①

3日め 私はマユミと申します

韓国語で自己紹介ができるようになりましょう。

マユミ

私はマユミと申します。
チョヌン　マ　ユ　ミ　ラ　ゴ　ハム　ニ　ダ
저는 마유미라고 합니다.
　私　　は　　　マユミ　　　と　　　申します

私は会社員です。
チョヌン　フェ　サ　ウォ　ニム　ニ　ダ
저는 회사원입니다.
　私　　は　　　会社員　　　　です

発音のつぼ

●합니다の「ム」は子音のm。これは「さんま（samma）」と言うときの「ん（m）」で、ム（mu）を途中でやめる感じで口を結んで発音します。

●회사원입니다（会社員です）は、회사원（会社員）と입니다（です）で構成されています。「フェサウォン」の「ン（n 子音）」が、「イムニダ」の「イ（i 母音）」とつながって発音され、「フェサウォニムニダ」となります。韓国語には、子音の次に母音がくると連なって発音されるルールがあり、これを「連音」といいます。

28

私はマユミと申します

1 名前を言う表現

　日本人が名乗る場合は、名字のみ、名前のみ、名字と名前、いずれにも使えます。韓国人が名乗る場合は、フルネームか名前だけを言うのが普通です。

覚えよう！ 私は〜です。　저는＋名前＋입니다.
（チョヌン）（私 は）　　　　　（イムニダ / です）

私はエミです。

저는 에미입니다.  저는 에미예요.
（チョヌン エ ミ イムニダ）　　　　　（チョヌン エ ミイェヨ）
（私 は エミ です）

私はヨシダです。

저는 요시다입니다.  저는 요시다예요.
（チョヌン ヨ シ ダ イムニダ）　　　　　（チョヌン ヨ シ ダ イェヨ）
（私 は ヨシダ です）

覚えよう！ 私は〜と申します。

저는＋名前＋라고 합니다.
（チョヌン）（私 は）　　　　（ラゴ ハムニダ / と 申します）

私はヤマダトモミと申します。

저는 야마다 토모미라고 합니다.
（チョヌン ヤ マ ダ ト モ ミ ラゴ ハムニダ）
（私 は ヤマダ トモミ と 申します）

2 職業・国籍を言う表現

「私は〜です」の文型で、職業や国籍などを言うこともできます。

 私は〜です。

저는 ＋ 職業/国籍 ＋ 입니다.
_{チョヌン}　　　　　　　　_{イム ニ ダ}

（私　は）　　　　　　　　　（です）

私は会社員です。

저는 회사원입니다.　ヘヨ体　저는 회사원이에요.
_{チョヌン　フェ　サ　ウォ　ニムニ　ダ}　　　　　　　_{チョヌンフェ　サ　ウォニ　エ　ヨ}

（私　は　会社員　です）

私は日本人です。

저는 일본 사람입니다.　ヘヨ体　저는 일본 사람이에요.
_{チョヌン　イルボン　サラム　イム ニ ダ}　　　　　　_{チョヌン　イルボン　サラム　イ　エ　ヨ}

（私　は　日本　人　です）

入れ替え！

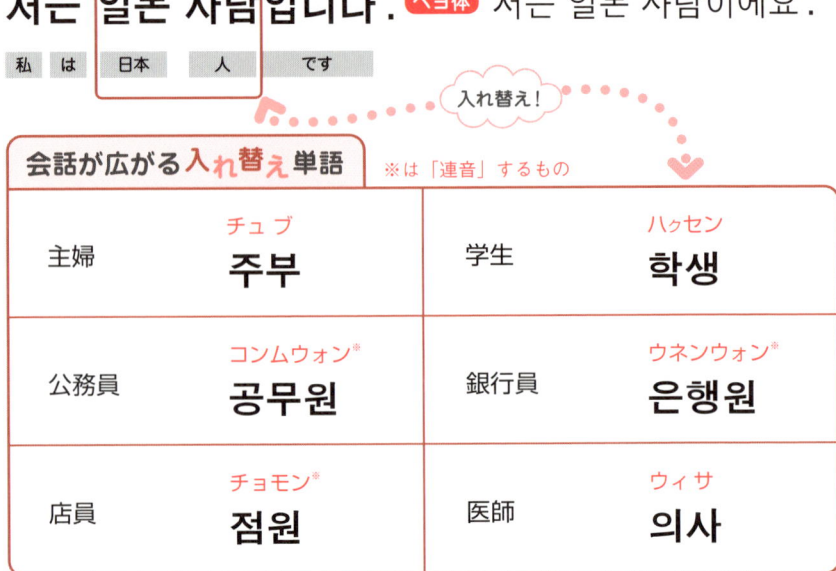

主婦	チュブ 주부	学生	ハクセン 학생
公務員	コンムウォン※ 공무원	銀行員	ウネンウォン※ 은행원
店員	チョモン※ 점원	医師	ウィサ 의사

会話が広がる入れ替え単語　※は「連音」するもの

 私はマユミと申します

3 趣味を言う表現

「~です」の文型を使って、趣味を言うこともできます。

 私の趣味は~です。

<u>チェ チュィミ ヌン</u>　　　　　　<u>イム ニ ダ</u>
제 취미는 ＋ 趣味 ＋ **입니다 .**
　私　　趣味　　は　　　　　　　です

私の趣味は旅行です。

<u>チェ チュィミ ヌン</u> <u>ヨ ヘン</u> <u>イム ニ ダ</u>　　うちとけた　<u>チェチュィミヌン ヨヘンイエヨ</u>
제 취미는 여행 입니다 . ヘヨ体 **제 취미는 여행이에요 .**
　私　　趣味　は　 旅行　　　です

入れ替え！

会話が広がる入れ替え単語

読書	<u>トゥ ソ</u> **독서**	料理	<u>ヨ リ</u> **요리**
映画鑑賞	<u>ヨンファ ガムサン</u> **영화 감상**	音楽鑑賞	<u>ウ マㇰ カムサン</u> **음악 감상**

ワンポイント 韓国語の発音ルール「連音」について

韓国語には子音で終わる音（パッチム）があります。パッチムには「k」「t」「p」「l」「m」「n」「ng」があります。これらの子音は「ng音」をのぞき、次にくる母音とつながって発音されます。これを連音といいます。慣れてきたら、連音を意識して発音してみましょう。

〔例〕イルボンサラㇺ（日本人）＋イㇺニダ（です）⇒イルボンサラミㇺニダ

●●「自分のことを言う①」のおさらい ●●

I 次の日本語を、指定の文型と単語を使って韓国語で言いましょう。

「私は〜です」 저는 〜입니다.
　　　　　　　チョヌン　イムニダ

(1) 私は日本人です。　＊「日本人」 일본 사람
　　　　　　　　　　　　　　　　イルボン サラム

(2) 私はマユミです。　＊「マユミ」 마유미
　　　　　　　　　　　　　　　　マユミ

II 次の日本語に対応するように、（　）に入る韓国語を①〜③の中から選びましょう。

(1) 私の趣味は読書です。
　　제 취미는 (　　) 입니다.
　　チェ チュィミ ヌン　　イムニダ

　　①요리　　②독서　　③학생
　　　ヨリ　　　トクソ　　　ハクセン

(2) 私は会社員です。
　　저는 (　　) 입니다.
　　チョヌン　　イムニダ

　　①회사원　　②공무원　　③은행원
　　　フェサウォン　　コンムウォン　　ウネンウォン

3日め　私はマユミと申します

答えと解説

I 「저는 ~입니다（私は~です）」の文型を使って、名前や職業、国籍などが言えます。

(1) **저는 일본 사람입니다.**
（チョヌン イルボン サラミムニダ）

일본（日本）＋사람（人）で「日本人」。韓国人は**한국 사람**（ハングゥ サラム）です。

(2) **저는 마유미입니다.**
（チョヌン マユミ イムニダ）

「**저는 ~입니다**（私は~です）」は、名字だけ、名前だけ、名字と名前、いずれをあてはめても使えます。

II 「~입니다（~です）」で、自分のことを言ってみましょう。

(1) ②**독서**──── **제 취미는 독서입니다.**
（トゥソ）　　　　（チェチュイミ ヌン トゥソ イムニダ）

①요리（ヨリ）は「料理」、③학생（ハゥセン）は「学生」です。

(2) ①**회사원**──── **저는 회사원입니다.**
（フェサウォン）　　　　（チョヌン フェサウォニムニダ）

②공무원（コンムウォン）は「公務員」、③은행원（ウネンウォン）は「銀行員」です。

🇰🇷 韓国まめ知識

　韓国人が自分のことを言う場合は、基本的にフルネームか名前だけを名乗ります。また、相手のことを呼ぶときもフルネームか名前だけで呼ぶのが普通です。韓国には、金さん、李さん、朴さんという名字が大変多く、ときには1クラスの生徒の3割が金さんということも…。そんな状況で、「金さん！」と名字で呼んでも誰を呼んでいるのかわからないので、そう呼ぶのが一般的になったのかもしれません。

自分のことを言う②

4日め 東京から来ました

CD 04

もう少し詳しく自分のことが言えるようになりましょう。

今日の例文

ケンタロウ

私は東京から来ました。
チョヌン　トキョエソ　ワッスムニダ
저는 도쿄에서 왔습니다.
| 私 | は | 東京 | から | 来ました |

ヨンミ

私は夫と子供がいます。
チョヌン ナムピョナゴ　アイガ　イッスムニダ
저는 남편하고 아이가 있습니다.
| 私 | は | 夫 | と | 子供 | が | います |

発音のつぼ

● チョヌン
저는の「ヌン」は、舌先を前歯の裏側につけて発音してみてください。

● ナムピョン ハゴ
남편＋하고の「ハゴ」は非常に弱いh音で、実際はほとんど発音しません。そのため、前の「ン（n子音）」と連音して、「ナムピョナゴ」という発音になります。

34

東京から来ました

1 どこから来たかを言う表現

地名はそのまま言えば OK ですが、韓国語には長音がないので、「とうきょう」は「トキョ」、「おおさか」は「オサカ」となります。

覚えよう！ 私は～から来ました。

저는 ＋ 場所 ＋ 에서 왔습니다.
私　は　　　　　　　　から　　来ました

私は鎌倉から来ました。

チョヌン　カマクラ　エソ　ワッスムニダ
저는 카마쿠라에서 왔습니다.
私　は　　鎌倉　　　から　　来ました

入れ替え！

ヘヨ体 （うちとけたていねい形） 저는 카마쿠라에서 왔어요.
チョヌン　カマクラ　エソ　ワッソヨ

会話が広がる入れ替え単語

札幌	サッポロ 삿포로	仙台	センダイ 센다이
大阪	オサカ 오사카	京都	キョト 교토
福岡	フクオカ 후쿠오카	横浜	ヨコハマ 요코하마
広島	ヒロシマ 히로시마	長崎	ナガサキ 나가사키

2 過去の自分を伝える表現

自分の過去のできごとなどについて、説明してみましょう。

去年、結婚しました。

<ruby>チャンニョネ キョロ ネッスム ニ ダ</ruby>
작년에 결혼했습니다. 〈ヘヨ体〉 작년에 결혼했어요.
去年 に 結婚 しました

先月、卒業しました。

<ruby>チナンダ レ チョロ ペッスム ニ ダ</ruby>
지난달에 졸업했습니다. 〈ヘヨ体〉 지난달에 졸업했어요.
先月 に 卒業 しました

3 未来の予定を伝える表現

これからの予定や、やりたいことなどを話してみましょう。

来年、留学をするつもりです。

<ruby>ネニョネ ユ ハグル ハル コムニダ</ruby>
내년에 유학을 할 겁니다. 〈ヘヨ体〉 내년에 유학을 할 거예요.
来年 に 留学 を する つもりです

来月、旅行をするつもりです。

<ruby>タウム タ レ ヨヘンウル ハル コムニダ</ruby>
다음 달에 여행을 할 겁니다. 〈ヘヨ体〉 다음 달에 여행을 할 거예요.
来月 に 旅行 を する つもりです

> 4日め 東京から来ました

4 いろいろな自己紹介のフレーズ

私は31歳です。

チョヌン ソルハン サ リ ム ニ ダ
저는 31 살입니다.
私　　は　31　歳　　　です

うちとけた ていねい形 チョヌン ソルハン サ リ エ ヨ
ヘヨ体 **저는 31 살이에요.**

一人暮らしです。

ホンジャソ サ ム ニ ダ
혼자서 삽니다.
一人　　で　住んでいます

うちとけた ていねい形 ホンジャソ サ ラ ヨ
ヘヨ体 **혼자서 살아요.**

私はスポーツが好きです。

チョヌン ス ポ ツ ルル チョ ア ハ ム ニ ダ
저는 스포츠를 좋아합니다.
私　　は　　スポーツ　　を　　　好きです

うちとけた ていねい形 チョヌン ス ポ ツ ルル チョ ア ヘ ヨ
ヘヨ体 **저는 스포츠를 좋아해요.**

ワンポイント 韓国語には長音がない？

　韓国語には、長音（長く伸ばす音）がありません。ですから、「きょうと」が **교토**（キョト）、「スポーツ」が **스포츠**（スポツ）と発音されることになるわけです。
　しかし厳密に言うと、「**많이**（マーニ）（たくさん）」、「**네**（ネー）（はい）」、「**너무**（ノーム）（あまりにも）」など、意味を強調して言いたいとき、伸ばして発音することもあります。日本語で例えるなら、「ずっと」を「ずーっと」と表現するような感覚です。

「自分のことを言う②」のおさらい

I 次の日本語を、指定の文型と単語を使って韓国語で言いましょう。

「私は〜から来ました」 　저는 〜에서 왔습니다.
（チョヌン　エソ　ワッスムニダ）

(1) 私は東京から来ました。　＊「東京」 도쿄（トキョ）

(2) 私は大阪から来ました。　＊「大阪」 오사카（オサカ）

II 次の日本語に対応するように、（　）に入る韓国語を①〜④の中から選びましょう。

(1) 去年、結婚しました。

　（　）결혼했습니다.
　　　（キョロネッスムニダ）

(2) 来月、旅行をするつもりです。

　（　）여행을 할 겁니다.
　　　（ヨヘンウル ハル コムニダ）

①지난달에（チナンダレ）　②다음 달에（タウム タレ）　③작년에（チャンニョネ）　④내년에（ネニョネ）

答えと解説

I 「저는 ~에서 왔습니다（私は~から来ました）」の文型を使ってどこから来たかを言ってみましょう。

(1) **저는 도쿄에서 왔습니다.**

에서には「~から」のほかに、「~で」の意味もあります。

(2) **저는 오사카에서 왔습니다.**

「オオサカ」と言わずに「オサカ」となることに注意。

II ①지난달에は「先月に」、④내년에は「来年に」です。

(1) **③작년에 ──── 작년에 결혼했습니다.**

작년에で「去年に」です。했습니다は「~しました」という過去の表現です。

(2) **②다음 달에 ──── 다음 달에 여행을 할 겁니다.**

다음 달에で「来月に」です。할 겁니다は、「~するつもりです」という未来の予定を表します。

🇰🇷 韓国まめ知識

　韓国人は初対面の人にすぐ年齢を聞きます。日本人の感覚だと、ちょっと失礼な気がしますが、これは相手が自分より年上（目上）か年下（目下）かで、話し方を変える必要があるからなのです。

　儒教の国、韓国には目上の人を敬う文化があり、相手が年上ならばていねいな言葉遣い、年下ならばくだけた言葉遣いで話します。

1-4日め 練習問題

力がついたか腕だめし！

1 次の日本語にふさわしい韓国語を①～③の中から選びましょう。

(1) おはようございます。（　　）

　　　アンニョンハセヨ　　　　　アンニョンヒ　ガセヨ　　　　アンニョンヒ　ゲセヨ
　　①안녕하세요？　②안녕히 가세요．　③안녕히 계세요．

(2) はじめまして。（　　）

　　　チョウム　ペプケッスム ニ ダ
　　①처음 뵙겠습니다．

　　　チャル　プ タクトゥリム ニ ダ
　　②잘 부탁드립니다．

　　　オ レガンマ ニム ニ ダ
　　③오래간만입니다．

2 次の日本語の韓国語訳として適切なものを、それぞれ①～③の中から選びましょう。

(1) ごめんなさい。（　　）

　　　カム サハム ニ ダ　　　　ミ アナム ニ ダ　　　　コマプスム ニ ダ
　　①감사합니다．　②미안합니다．　③고맙습니다．

(2) 大丈夫です。（　　）

　　　ス ゴ ハセヨ　　　　ス ゴ ハ ショッスム ニ ダ　　　ケンチャンスム ニ ダ
　　①수고하세요．　②수고하셨습니다．③괜찮습니다．

1−4日め 練習問題

3 次の日本語に対応するように、（　）に入る韓国語を①〜④の中から選びましょう。

(1) 私は山田と申します。
　　（　　　）야마다라고（　　　）.
　　　　　　　ヤマダラゴ

(2) 私は主婦です。
　　저는　（　　　）（　　　）.
　　チョヌン

　①저는　　②합니다　　③입니다　　④주부
　　チョヌン　　ハムニダ　　　イムニダ　　　チュブ

4 次の日本語に対応するように、（　）に入る韓国語を①〜③の中から選びましょう。

(1) 私は日本から来ました。
　　저는 일본에서 （　　　）.
　　チョヌン イルボネソ

(2) 来年、留学をするつもりです。
　　내년에 유학을 할 （　　　）.
　　ネニョネ　ユ ハグル ハル

　①겁니다　　　②왔습니다　　　③있습니다
　　コムニダ　　　ワッスムニダ　　　　イッスムニダ

41

1−4日め 解答解説

まちがえたら見直そう！

1 最初のあいさつはしっかり覚えましょう。

(1) ①<ruby>안녕하세요<rt>アンニョハセヨ</rt></ruby>？
（おはようございます / こんにちは / こんばんは）
안녕하세요？は、朝、昼、晩ともに使える便利な言葉です。
②안녕히 가세요は「さようなら（その場を立ち去る人に対して）」、③안녕히 계세요も「さようなら（その場に残る人に対して）」です。

(2) ①처음 뵙겠습니다．（はじめまして）
②잘 부탁드립니다は「よろしくお願いします」、③오래간만입니다は「お久しぶりです」です。

2 謝罪の言葉と大丈夫の言葉の確認です。

(1) ②미안합니다．（ごめんなさい）
年上の方や初対面の方でも失礼にならない、ていねいな言葉です。
①감사합니다は「ありがとうございます」、③고맙습니다も「ありがとうございます」です。

(2) ③괜찮습니다．（大丈夫です）
①수고하세요は「お疲れさまです」、②수고하셨습니다は「お疲れさまでした」です。

42

1-4日め　練習問題

③ 「저는 ~（私は~）」で自己紹介ができるようになりましょう。

(1) (①저는) 야마다라고 (②합니다).（私は山田と申します）
「~라고 합니다（~と申します）」を使って名前を言います。

(2) 저는 (④주부) (③입니다).（私は主婦です）
「~입니다（~です）」で職業のほか、名前、国籍などが言えます。

④ 「있습니다（います）」「왔습니다（来ました）」「할 겁니다（するつもりです）」などの表現を覚えましょう。

(1) 저는 일본에서 (②왔습니다).（私は日本から来ました）

(2) 내년에 유학을 할 (①겁니다).（来年、留学をするつもりです）

表現のまとめ

- 안녕하세요?（こんにちは）⇒ 1日め参照。
- 감사합니다.（ありがとうございます）⇒ 2日め参照。
- 저는 ~라고 합니다.（私は~と申します）⇒ 3日め参照。
- 저는 ~에서 왔습니다.（私は~から来ました）⇒ 4日め参照。

要求を伝える①

5日め これをください

CD 05

「ください」と要求を伝える言葉を覚えましょう。

今日の例文

マユミ:
これをください。
이거 주세요.
イゴ ジュセヨ
（これ / ください）

ジュンス:
見せてください。
보여 주세요.
ポヨ ジュセヨ
（見せて / ください）

発音のつぼ

● 「ください」だけのときは주세요（チュセヨ）と発音しますが、前に何か単語がくる場合は〜주세요（ジュセヨ）と音が濁ります。

● 보여（ポヨ）の「ヨ」は、日本語の「よ」よりも、少し口を横に大きめに開けて発音してみてください。

> 5日め　これをください

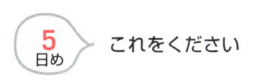

1 「～をください」という表現

「名詞＋주세요（ください）」の表現です。日本語と同様、「を」にあたる助詞は、省略してもかまいません。ちなみにこの文体は「ヘヨ体」ですが、尊敬表現なので、初対面の人に使っても失礼にはあたりません。

覚えよう！ ～をください。名詞＋**주세요**.
（ください）

生ビールをください。
センメクチュ ジュ セ ヨ
생맥주 주세요.
（生麦酒）（ください）

キムチをください。
キム チ ジュ セ ヨ
김치 주세요.
（キムチ）（ください）

入れ替え！

会話が広がる入れ替え単語

水	ム ル **물**	プルコギ	プル ゴ ギ **불고기**
スプーン	スッ カ ラ ク **숟가락**	箸	チョッ カ ラ ク **젓가락**
これ	イ ゴ **이거**	それ	ク ゴ **그거**
あれ	チョ ゴ **저거**	メール	メ イル **메일**

5 要求を伝える①

2 「～してください」という表現

「動詞＋주세요(ジュセヨ)（ください）」で「～してください」という表現になります。

覚えよう! ～してください。動詞＋**주세요**(ジュセヨ).
　　　　　　　　　　　　　　　　　　くださ い

見せてください。　　　　　　待ってください。

(ポヨ ジュセヨ)　　　　　　　(キ ダリョ ジュセヨ)
보여 주세요.　　　　　**기다려 주세요.**
　見せて　　ください　　　　　待って　　ください

3 「～しないでください」という表現

「動詞＋지 마세요(ジ マセヨ)（～しないでください）」という言い方も一緒に覚えましょう。

覚えよう! ～しないでください。動詞＋**지 마세요**(ジ マセヨ).
　　　　　　　　　　　　　　　　　　　　しないでください

行かないでください。　　　　飲まないでください。

(カ ジ マセヨ)　　　　　　　(マシ ジ マセヨ)
가지 마세요.　　　　　**마시지 마세요.**
　行くことを　しないでください　　飲むことを　しないでください

5日め　これをください

撮らないでください。
チゥチ　マ　セ　ヨ
찍지 마세요.
撮ることを　　しないでください

入らないでください。
トゥロ　ガ　ジ　マ　セ　ヨ
들어가지 마세요.
　　　　入ることを　　　　しないでください

4 「ください」の表現を広げよう

「〜ください」の言い方で、「たくさんください」「少しだけください」なども言うことができます。

カルビとビビンバをください。
カルビ　ハ　ゴ　ピビムパァ　ジュセ　ヨ
갈비하고 비빔밥 주세요.
カルビ　　と　　　ビビンバ　　　ください

● ひとことメモ ●
　　　　　　　ハゴ
「A +**하고**+ B」で「AとB」という言い方です。

たくさんください。
マ　ニ　ジュセ　ヨ
많이 주세요.
たくさん　　ください

少しだけください。
チョグムマン ジュセ ヨ
조금만 주세요.
少しだけ　　　ください

ワンポイント 日本語と同じ感覚で使える주세요
　　　　　　　　　　　　　　　　　　　ジュセヨ

　「〜 주세요（〜ください）」は日本語とほとんど一緒の感覚で使
　　　ジュセヨ
える便利なフレーズです。ほしいものや、してほしいことの後に
「주세요（ください）」をつけるだけで OK です。
　ジュセヨ
　ちなみに「食べてみてください」「連絡してください」など、「ください」を使った表現は、日本語とそのまま同じ言い回しです。

「要求を伝える①」のおさらい

I 次の日本語を、指定の文型と単語を使って韓国語で言いましょう。

「～ください」　～ 주세요.
　　　　　　　　　　ジュセヨ

(1) 生ビールをください。　＊「生ビール」 생맥주(センメッチュ)

(2) キムチをください。　＊「キムチ」 김치(キムチ)

II 次の日本語に対応するように、（　）に入る韓国語を①～③の中から選びましょう。

(1) これをください。

　　（　）주세요(ジュセヨ).

　　①이거(イゴ)　　②그거(クゴ)　　③저거(チョゴ)

(2) 見せてください。

　　（　）주세요(ジュセヨ).

　　①보여(ポヨ)　　②많이(マニ)　　③기다려(キダリョ)

48

5日め これをください

答えと解説

I 「~ 주세요(~ください)」の文型を使って、要求を伝えましょう。

(1) 생맥주 주세요.
　　（センメクチュ ジュセヨ）

助詞の「を」は省略してもかまいません。주세요の前にほしいものを表す単語（名詞）を入れるだけで伝わる便利な表現です。

(2) 김치 주세요.
　　（キムチ ジュセヨ）

김치をほかの名詞、「물（水）」「불고기（プルコギ）」などに置き換えて練習しましょう。

II 「~ 주세요（~ください）」で、いろいろ言ってみましょう。

(1) ①이거———이거 주세요.
　　　（イゴ）　　（イゴ ジュセヨ）

「これを」の助詞、「を」は省略しています。②그거は「それ」、③저거は「あれ」です。

(2) ①보여———보여 주세요.
　　　（ポヨ）　　（ポヨ ジュセヨ）

②많이は「たくさん」、③기다려は「待って」という意味です。

🇰🇷 韓国まめ知識

　韓国人は人情深い人たちです。これがよく表れているところが食堂。韓国の食堂では、3つから5つくらいのつき出しが無料で出るのが普通ですが、つき出しがなくなっているのを見ると、何度でもお代わりをよそってくれます。いらない場合は、無理しないで「이제 배가 불러요（もうお腹がいっぱいです）」と断りましょう。
（イジェ ペガ プルロヨ）

49

要求を伝える②

6日め 行きたいです

CD 06

「したい」「ほしい」といった要求を伝える言葉を覚えましょう。

今日の例文

ケンタロウ
ソウルへ行きたいです。
서울에 가고 싶습니다.
ソウレ　カゴ　シプスムニダ
| ソウル | に | 行き | たいです |

ヨンミ
花がほしいです。
꽃을 받고 싶습니다.
コチュル　パッコ　シプスムニダ
| 花 | を | もらい | たいです |

発音のつぼ

● 서울에は、서울＋에が連音して、「ソウレ」という発音になっています。
　（ソウレ／ソウル エ）

● 싶습니다の「ス」は少し口を横に開き、息をもらして発音します。「すし」と言うときの「す」に近い発音です。
　（シプスムニダ）

● 試しに「すし」と言ってみると、「す」と言うときに息が少しもれているのがわかるはずです。

> **6日め** 行きたいです

1 「したいです」の表現

「動詞＋고 싶습니다(コ シㇷ゚スムニダ)」で、「〜したいです」を表現できます。

👉 **覚えよう！** 〜したいです。動詞＋**고 싶습니다(コ シㇷ゚スムニダ)**．
　　　　　　　　　　　　　　　　　　　　したいです

食べたいです。
モㇰコ　シㇷ゚スムニダ
먹고 싶습니다．
食べ　　　たいです

飲みたいです。
マシゴ　シㇷ゚スムニダ
마시고 싶습니다．
飲み　　　たいです

会いたいです。
ポゴ　シㇷ゚スムニダ
보고 싶습니다．
見　　たいです

● ひとことメモ ●

「会いたいです」は「**만나고 싶습니다**(マンナゴ シㇷ゚スムニダ)」という表現もあります。こちらは、目的のために会いたいときに使います。純粋に会いたい気持ちを伝えるときには「**보고 싶습니다**(ポゴ シㇷ゚スムニダ)（見たいです）」を使います。

行きたいです。
カゴ　シㇷ゚スムニダ
가고 싶습니다．
行き　　たいです

> イェギハゴ　シㇷ゚スムニダ
> **얘기하고 싶습니다．**
> 　話したいです。

要求を伝える②

2 「ほしいです」の表現1

プレゼントなどがほしいときは「もらいたい」と言います。「名詞＋助詞（を）＋받고 싶습니다(パッコ シプスムニダ)」で、表現できます。

◆助詞の使い方

日本語の「を」の意味をもった助詞は、을(ウル)/를(ルル)の2通りあります。助詞の前の単語が子音で終わる場合は을を、母音で終わる場合は를を使います。

覚えよう！ ～がほしいです（もらいたいです）。

名詞＋을(ウル)/를(ルル)＋받고 싶습니다(パッコ シプスムニダ).
　　　　　　を　　　　もらい　　たいです

時計がほしいです。

시계를 받고 싶습니다.
(シ ゲルル パッコ シプスムニダ)
時計　を　もらい　たいです

●ひとことメモ●
「시계(シゲ)(時計)」は母音で終わる単語なので、를(ルル)を使います。

カバンがほしいです。

가방을 받고 싶습니다.
(カバンウル パッコ シプスムニダ)
カバン　を　もらい　たいです

●ひとことメモ●
「가방(カバン)(カバン)」は子音で終わる単語なので、을(ウル)を使います。

> 6日め　行きたいです

3 「ほしいです」の表現2

「ほしいです」という表現を使うと要求の度合いが強くなるため、表現を和らげたいときは「必要です」という言い方をします。

◆**助詞の使い方**

日本語の「が」の意味をもった助詞は、이/가の2通りあります。助詞の前の単語が子音で終わる場合は이を、母音で終わる場合は가を使います

覚えよう！ ～がほしいです（必要です）。

$$名詞 ＋ 이/가 ＋ 필요합니다.$$
（イ/ガ　　ピリョハムニダ）
　　　　が　　　　　必要です

時間がほしいです。

시간이 필요합니다.
（シガニ　ピリョハムニダ）
時間　が　　必要です

●ひとことメモ●
「시간（時間）」は子音で終わる単語なので、이を使います。
子音の「ン(n)」は次の「イ(i)」とつながり「ニ(ni)」と発音されます。

ビザがほしいです。

비자가 필요합니다.
（ピジャガ　ピリョハムニダ）
ビザ　が　　必要です

●ひとことメモ●
「비자（ビザ）」は母音で終わる単語なので、가を使います。

53

「要求を伝える②」のおさらい

I 次の日本語を、指定の文型と単語を使って韓国語で言いましょう。

「〜したいです」 〜고 싶습니다.
　　　　　　　　（コ シプスムニダ）

(1) 食べたいです。　＊「食べる」 먹다（モクタ）

(2) 行きたいです。　＊「行く」 가다（カダ）

II 次の日本語に対応するように、（　）に入る韓国語を①〜③の中から選びましょう。

(1) 花がほしいです。

　　（　）을 받고 싶습니다.
　　　　（ウル パッコ シプスムニダ）

(2) 時計がほしいです。

　　（　）를 받고 싶습니다.
　　　　（ルル パッコ シプスムニダ）

①시계（シゲ）　②가방（カバン）　③꽃（コッ）

答えと解説

Ⅰ 動詞の原型から**다**をとって**고 싶습니다**をつけると「〜したいです」になります。

(1) **먹고 싶습니다.**

「**먹다**（食べる）」の原型から**다**をとって、**먹**に**고 싶습니다**をつけます。

(2) **가고 싶습니다.**

「**가다**（行く）」の原型から**다**をとって、**가**に**고 싶습니다**をつけます。

Ⅱ 「名詞＋**을/를 받고 싶습니다**」は、直訳すると「〜をもらいたいです」ですが、「〜がほしいです」という意味になります。

(1) ③**꽃 ——— 꽃을 받고 싶습니다.**

直訳すると「花をもらいたいです」になります。「**꽃**（花）」は子音で終わる単語なので**을**がきます。

(2) ①**시계 ——— 시계를 받고 싶습니다.**

直訳すると「時計をもらいたいです」になります。「**시계**（時計）」は母音で終わる単語なので**를**がきます。

感想を言う①

7日め おいしいです

見て感じたことを伝える言葉を覚えましょう。

今日の例文

マユミ

おいしいです。
マ シッスム ニ ダ
맛있습니다.
味　　　あります

ジュンス

おもしろかったです。
チェ ミ イッソッスム ニ ダ
재미있었습니다.
おもしろさ　　ありました

発音のつぼ

● マ シッスム ニ ダ
「맛있습니다は「マシッ」と息を詰まらせて「ス」を発音する際に、息をもらします。この「ス」は唇を横に引いて発音するため、息がもれるのです。

● この「ス」は、日本語でいうと、「すし」と言うときの「ス」の音とよく似ています。試しに「すし」と言ってみてください。「す」と言うときに息が少しもれているのがわかると思います。

● チェ ミ イッソッスム ニ ダ
재미있었습니다の「ス」も同様の発音です。

> **7日め** おいしいです

1 「おいしそう」「おいしい」「おいしかった」を使い分けてみよう

状況によって、「おいしい」「おもしろい」のいろいろな言い方を使い分けてみましょう。

おいしそう。

マ シッケッタ
맛있겠다.

味　　ありそう

おもしろそう。

チェ ミ イッケッタ
재미있겠다.

おもしろさ　　ありそう

おいしいです。

マ シッスムニダ
맛있습니다.

味　　あります

おもしろいです。

チェ ミ イッスムニダ
재미있습니다.

おもしろさ　　あります

おいしかったです。

マ シッソッスムニダ
맛있었습니다.

味　　ありました

おもしろかったです。

チェ ミ イッソッスムニダ
재미있었습니다.

おもしろさ　　ありました

> マ シッケッタ
> 맛있겠다.
> おいしそう。

> マ シッスムニダ
> 맛있습니다.
> おいしいです。

感想を言う①

2 「あります」「ありません」で言える表現

「名詞＋있습니다(〜あります)」「名詞＋없습니다(〜ありません)」で言える表現を覚えましょう。

覚えよう！ 〜あります。

名詞＋**있습니다**.
　　　(イッスムニダ)
　　　　あります

覚えよう！ 〜ありません。

名詞＋**없습니다**.
　　　(オプスムニダ)
　　　　ありません

おいしいです。

맛있습니다.
(マシッスムニダ)

| 味 | あります |

まずいです。

맛없습니다.
(マドプスムニダ)

| 味 | ありません |

かっこいいです。

멋있습니다.
(モシッスムニダ)

| おしゃれ | あります |

かっこわるいです。

멋없습니다.
(モドプスムニダ)

| おしゃれ | ありません |

おもしろいです。

재미있습니다.
(チェミイッスムニダ)

| おもしろさ | あります |

つまらないです。

재미없습니다.
(チェミオプスムニダ)

| おもしろさ | ありません |

7日め　おいしいです

3 感想を言ういろいろな表現

「きれいです」「かわいいです」などの感想を言ってみましょう。

きれいです。　かわいいです。　暑いです。　寒いです。

イェップムニダ　　クィヨプスムニダ　　トプスムニダ　　チュプスムニダ
예쁩니다.　귀엽습니다.　덥습니다.　춥습니다.

きれいです　　　かわいいです　　　暑いです　　　寒いです

4 感嘆を表す一言

いろいろな感嘆詞を紹介します。ぜひ覚えて使ってみましょう。

わあ！　あら！　すごい！　すてき！　やった！

ウワ　　オモナ　　テダネ　　モッチダ　　テッソ
우와!　어머나!　대단해!　멋지다!　됐어!

まさか！　本当？　ほんと？　しまった！　あーあ。

ソルマ　　チョンマル　　チンッチャ　　アチャ　　アイゴ
설마!　정말?　진짜?　아차!　아이고.

ワンポイント　「おいしい」は「味がある」

韓国語では、「おいしい」を맛있다（マシッタ）(味ある)と表現します。また、「まずい」は맛없다（マドプタ）(味ない)、「できる」は할 수 있다（ハル ス イッタ）(する方法ある)、「できない」は할 수 없다（ハル ス オプタ）(する方法ない) という言い方をします。このように「～ある」「～ない」という表現が多いのが、韓国語の特徴のひとつでもあります。

59

「感想を言う①」のおさらい

Ⅰ 次の日本語を、指定の文型と単語を使って韓国語で言いましょう。

「～あります」 ～있습니다(イッスムニダ)　「～ありません」 ～없습니다(オプスムニダ)

(1) おいしいです。　＊「味」 맛(マッ)

(2) まずいです。　＊「味」 맛(マッ)

(3) おもしろいです。　＊「おもしろさ」 재미(チェミ)

(4) つまらないです。　＊「おもしろさ」 재미(チェミ)

Ⅱ 次の日本語に対応する韓国語を、①〜③の中から選びましょう。

(1) あら！　　(2) すごい！　　(3) あーあ。

①아이고.(アイゴ)　②어머나！(オモナ)　③대단해！(テダネ)

> 7日め　おいしいです

答 え と 解 説

I 「名詞＋있습니다（〜あります）」「名詞＋없습니다（〜ありません）」で、いろいろな感想を言うことができます。

(1) **맛있습니다.** （マシッスムニダ）
「味あります」で「おいしいです」という意味になります。

(2) **맛없습니다.** （マドプスムニダ）
「味ありません」で「まずいです」という意味になります。

(3) **재미있습니다.** （チェミイッスムニダ）
「おもしろさあります」で「おもしろいです」という意味になります。

(4) **재미없습니다.** （チェミオプスムニダ）
「おもしろさありません」で「つまらないです」という意味になります。

II これを使いこなせたら楽しくなると思います。

(1) ②**어머나！**（オモナ）　(2) ③**대단해！**（テダネ）　(3) ①**아이고.**（アイゴ）

🇰🇷 韓国まめ知識

　아이고（アイゴ）は、驚きや喜び、落胆などいろいろなニュアンスを表す、もっともよく使われる感嘆詞。「わあ」「やった」「よかった」「あーあ」など、ありとあらゆる感情を表します。お年寄りが席を立つときなども아이고（アイゴ）と言いますが、和訳するなら、「よいしょ」とでもなるでしょうか。

61

感想を言う②

8日め とてもうれしいです

CD 08

感じたことを表現する言葉を覚えましょう。

今日の例文

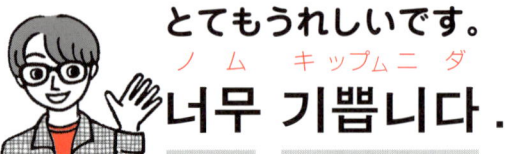

ケンタロウ

とてもうれしいです。
너무 기쁩니다.
ノム キップムニダ
あまりにも　うれしいです

● ひとことメモ ●

너무には、「とても〜」「〜すぎる」などの意味があります。

ヨンミ

とても好きです。
아주 좋아합니다.
アジュ チョア ハムニダ
とても　好きです

発音のつぼ

● 기쁩니다（キップムニダ）は、「キップ」の後に口を結んで「ㅁ（m子音）」を発音します。ム（mu）ではなくてmなので、uは発音しません。少し言いにくいですが、練習してみましょう。

● 너무（ノム）の「ノ」は、口を少し大きめに開いて発音する音です。日本語の「の」を言うよりも、大きめに口を開いて言ってみてください。

> 8日め とてもうれしいです

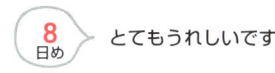

1 「〜すぎます」の表現

韓国人は、日本人に比べて感情を表に出す人が多いといわれています。そんな韓国人に対して、感想をちょっとオーバーに表現する言い方を覚えましょう。

覚えよう！ 〜すぎます。 너무 ＋形容詞
ノ ム
あまりにも

かわいすぎます。
ノ ム イェップム ニ ダ
너무 예쁩니다.
あまりにも　きれいです

おもしろすぎます。
ノ ム チェミイッスム ニ ダ
너무 재미있습니다.
あまりにも　おもしろさあります

おいしすぎます。
ノ ム マ シッスム ニ ダ
너무 맛있습니다.
あまりにも　味あります

かっこよすぎます。
ノ ム モ シッスム ニ ダ
너무 멋있습니다.
あまりにも　おしゃれあります

入れ替え！

会話が広がる入れ替え単語			
うれしいです	キップム ニ ダ 기쁩니다	楽しいです	チュルゴプスム ニ ダ 즐겁습니다
悲しいです	スルプム ニ ダ 슬픕니다	寂しいです	ウェロプスム ニ ダ 외롭습니다

8 感想を言う②

63

2 感想を伝える表現

　感想を聞かれたら、遠慮しないではっきり言いましょう。それが韓国流です！

好きです。

チョア ハムニダ
좋아합니다.
　　好きです

まあまあです。

ピョルロ イムニダ
별로입니다.
　　まあまあです

嫌いです。

シロハムニダ
싫어합니다.
　　嫌いです

がっかりしました。

シルマンヘッスムニダ
실망했습니다.
　　失望しました

3 表現を強調する副詞

　より強調して言いたいときには、副詞をつけて表現しましょう。

本当に好きです。

チョンマルチョア ハムニダ
정말 좋아합니다.
　本当　　好きです

大嫌いです。

マニ シロハムニダ
많이 싫어합니다.
　たくさん　　嫌いです

とても楽しいです。

アジュ チュルゴプスムニダ
아주 즐겁습니다.
　とても　　楽しいです

かなり寂しいです。

クェ ウェロプスムニダ
꽤 외롭습니다.
　かなり　　寂しいです

8日め とてもうれしいです

表現を強調する副詞

あまりにも	ノム 너무	多く、たくさん	マニ 많이
とても	アジュ 아주	本当に	チョンマル 정말
かなり	クェ 꽤	大変	テダニ 대단히

4 感情を伝える一言

かわいい！
イェップ ダ
예쁘다！

おもしろそう！
チェミ イッケッタ
재미있겠다！

どうしよう！
オットゥカジ
어떡하지！

ドキドキする！
トゥルリョ
떨려！

かわいそう！
プルッサンヘ
불쌍해！

むかつく！
チャジュンナ
짜증나！

ワンポイント 表現のバリエーションを広げる副詞

韓国語も日本語と同じように、用言に副詞をつけて表現の幅を広げます。例えば、「정말 좋아합니다（本当に好きです）」「많이 좋아합니다（大好きです）」「아주 좋아합니다（とても好きです）」「꽤 좋아합니다（かなり好きです）」といった具合です。韓国語の副詞は日本語とほとんど同じ感覚で使えるので、副詞を使っていろいろな表現をしてみてください。

感想を言う②

「感想を言う②」のおさらい

I 次の日本語に対応するように、（　）に入る韓国語を①〜④の中から選びましょう。

(1) かわいすぎます。

　　（　）　예쁩니다．
　　　　　　イェップム ニ ダ

(2) おいしすぎます。

　　（　）　맛있습니다．
　　　　　　マ シッスム ニ ダ

(3) とても楽しいです。

　　（　）　즐겁습니다．
　　　　　　チュルゴプスム ニ ダ

①아주　　②많이　　③너무　　④정말
　アジュ　　マ ニ　　　ノ ム　　チョンマル

II 次の日本語に対応する韓国語を、①〜③の中から選びましょう。

(1) おもしろそう！　　(2) どうしよう！　　(3) ドキドキする！

①떨려！　　　②어떡하지！　　③재미있겠다！
　トルリョ　　　オットゥカジ　　　チェ ミ イッケッタ

答えと解説

I ①아주 は「とても」、②많이 は「多く、たくさん」、③너무 は「あまりにも」、④정말 は「本当に」という意味です。

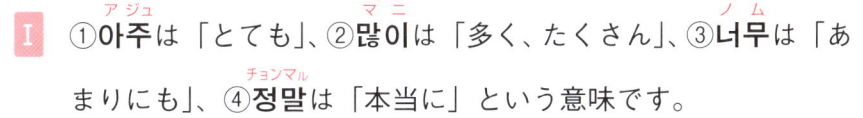

(1) ③너무 ──── 너무 예쁩니다.

(2) ③너무 ──── 너무 맛있습니다.

(3) ①아주 ──── 아주 즐겁습니다.

II 韓国語で独り言を言ってみましょう。
①떨려! は「ドキドキする!」、②어떡하지! は「どうしよう!」、③재미있겠다! は「おもしろそう!」です。

(1) ③재미있겠다!　(2) ②어떡하지!　(3) ①떨려!

🇰🇷 韓国まめ知識

　友だちと食事に行って、「何食べる?」と聞かれると、日本人は気をつかって「何でもいいよ」と答えがちです。しかし、「何でもいいよ」と答えておきながら、「じゃ焼肉にしよう」と提案すると「焼肉はちょっと(食べたくない)…」と反対することがありますよね。こんなとき韓国人は、「だったら最初から言ってよ!」と思います。

　このように韓国人は日本人と比べると、はっきりと意思表示をしたり、率直に感想を述べたりします。韓国の人と話すときには、あいまいな表現はせず、はっきりと意思表示をしましょう。

5-8日め 練習問題

力がついたか腕だめし！

1 次の日本語に対応するように、(　) に入る韓国語を①〜③の中から選びましょう。

(1) お水をください。

　　(　　　) 주세요.
　　　　　　 ジュセヨ

(2) これをください。

　　(　　　) 주세요.
　　　　　　 ジュセヨ

①물　　　　②이거　　　　③그거
　ムル　　　　　イゴ　　　　　クゴ

2 次の日本語の韓国語訳として適切なものを、①〜③の中から選びましょう。

(1) 会いたいです。　(　　　)

(2) 飲みたいです。　(　　　)

①마시고 싶습니다.　②가고 싶습니다.　③보고 싶습니다.
　マシゴ シプスムニダ　　カゴ シプスムニダ　　ポゴ シプスムニダ

68

5-8日め 練習問題

3 次の日本語に対応するように、(　)に入る韓国語を①～③の中から選びましょう。

(1) おいしいです。　　　(　　) 있습니다.

(2) かっこいいです。　　(　　) 있습니다.

①멋　　②맛　　③재미

4 次の日本語に対応するように、(　)に入る韓国語を①～③の中から選びましょう。

(1) とても好きです。　　아주 (　　).

(2) 本当に楽しいです。　정말 (　　).

①싫어합니다　　②즐겁습니다　　③좋아합니다

5-8日め 解答解説

まちがえたら見直そう！

1 「〜 주세요(ジュセヨ)（〜ください）」を使えるようになりましょう。

(1) (①물(ムル)) 주세요(ジュセヨ).（お水をください）

「물(ムル)（水）」の部分にいろいろな名詞を入れ替えて練習しましょう。

(2) (②이거(イゴ)) 주세요(ジュセヨ).（これをください）

③그거(クゴ)は「それ」、저거(チョゴ)は「あれ」です。

2 「〜고 싶습니다(コ シプスムニダ)（〜したいです）」が言えるようになりましょう。

(1) ③보고 싶습니다(ポゴ シプスムニダ).（会いたいです）

目的のために会いたいときには「만나고 싶습니다(マンナゴ シプスムニダ)（会いたいです）」を使います。

(2) ①마시고 싶습니다(マシゴ シプスムニダ).（飲みたいです）

②가고 싶습니다(カゴ シプスムニダ)は「行きたいです」の意味です。

5-8日め　練習問題

3 ①멋は「おしゃれ」、②맛は「味」、③재미は「おもしろさ」の意味です。

(1) (②맛) 있습니다 .（おいしいです）
直訳すると「味あります」となります。

(2) (①멋) 있습니다 .（かっこいいです）
直訳すると「おしゃれあります」となります。

4 ①싫어합니다は「嫌いです」の意味です。

(1) 아주 （③좋아합니다）．（とても好きです）
아주以外にも「너무（とても、～すぎる）」などいろいろな副詞を使って言ってみましょう。

(2) 정말 （②즐겁습니다）．（本当に楽しいです）
「기쁩니다（うれしいです）」「재미있습니다（おもしろいです）」なども覚えましょう。

表現のまとめ

・～ 주세요 .（～ください）、～지 마세요 .（～しないでください）
　⇒5日め参照。

・～고 싶습니다 .（～したいです）⇒6日め参照。

・～있습니다 .（～あります）、～없습니다 .（～ありません）⇒7日め参照。

・너무 ～（～すぎます）⇒8日め参照。

71

コラム

言葉を覚えるには、実践あるのみ！

　本書は韓国語の文字であるハングルが読めない人を対象に作られたものですが、私はこの本の原稿を書きながら、自分が日本語を学んでいた頃のことを思い出しました。この本を手にした方の多くは、文字を覚えるよりも、早く会話がしたいのですよね？　気持ちはよくわかります。私も自分自身の経験から、机の上での勉強よりも実際に話すことが大切だ、ということを実感しているからです。

　私が日本語を勉強していた頃は、知っている場所であっても通りがかりの人に道を聞いて、会話をする機会を増やしました。また、数字の言い方を覚えるために、自分から率先して電話番号を言ったり聞いたりして、正しく発音できるか、聞き取ってもらえるかを練習しました。カフェなどでも、隣の席に座った知らない人に「私は留学生ですが、この漢字の意味を教えてもらえませんか？」と話しかけ、とにかく実際に話すことを心がけました。

　もちろん、まったく話が通じないことを何度も経験しました。それでもくじけずに「もう一回言いますね」と何度も言い直して、やっとわかってもらったものです。「私は外国人なのだから、日本語がうまく話せないのは当然！」です。通じなかった言葉は、日本語の先生の発音と自分の発音を録音し、客観的に聴き比べて直しました。

　私の日本語は、このように多くの方に助けていただいて覚えることができたものだと感謝しています。皆さんも、ぜひこの本のフレーズを覚えてどんどん使ってみてください。言葉は使って、通じて、初めて自分のものになります。韓国人も、がんばって韓国語を話す皆さんに、きっと快くこたえてくれると思います。恥ずかしがらずにどんどん話しましょう！

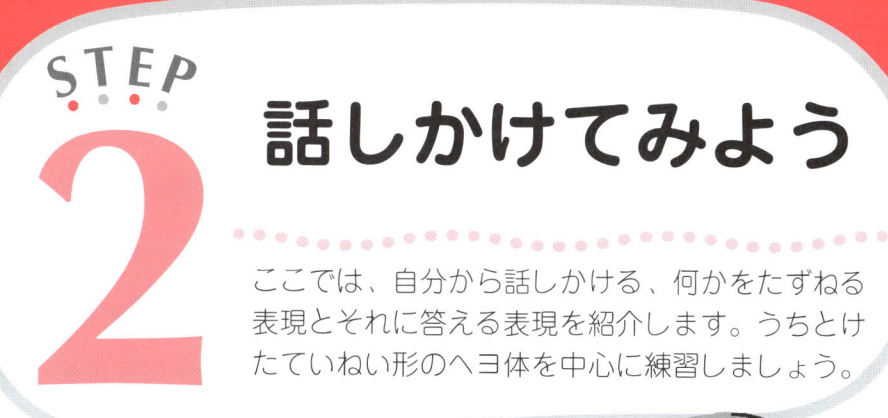

STEP 2 話しかけてみよう

ここでは、自分から話しかける、何かをたずねる表現とそれに答える表現を紹介します。うちとけたていねい形のヘヨ体を中心に練習しましょう。

9 日め	あいさつを交わす	お元気でしたか？	74
10 日め	名前・趣味を聞く	お名前は何ですか？	80
11 日め	物のことを聞く	これは何ですか？	86
12 日め	値段を聞く	これはいくらですか？	92
13 日め	場所を聞く	トイレはどこですか？	98
14 日め	要望を聞く	何がしたいですか？	104
15 日め	好き嫌いを聞く	韓国ドラマがお好きですか？	110
◆ 9-15 日め	練習問題		116

16 日め	理由・方法を聞く	どうやって食べますか？	120
17 日め	お誘いする	ミョンドンに行きませんか？	126
18 日め	買い物する	コートありますか？	132
19 日め	言い方を聞く	これは韓国語で何と言いますか？	138
20 日め	時間を聞く	今何時ですか？	144
21 日め	家族について聞く	この方は誰ですか？	150
22 日め	許可を求める	ここで写真を撮ってもいいですか？	156
◆ 16-22 日め	練習問題		162

●コラム　満1歳の誕生日会、돌잔치(トル ジャンチ) ……… 166

あいさつを交わす

9日め お元気でしたか？

あいさつの後は、「お元気でしたか？」と聞いてみましょう。

今日の例文

マユミ：
お元気でしたか？
_{チャル　　チ ネ ショッソ ヨ}
잘　지내셨어요？
_{よく　　過ごされましたか}

ジュンス：
はい、元気でした。
_{ネ　　チャル　　チ ネッ ソ ヨ}
네, 잘　지냈어요.
_{はい　よく　　過ごしていました}

発音のつぼ

- 잘で1文字です。「ル」は舌を上あごにつけたところで止めて、1音にまとめるつもりで言ってみてください。
- 지내셨어요？の지は、少し濁らせ「ジ」に近いチになります。
- 네は、「ネー」と少し延ばして言ってみましょう。実際は「ネー」と「レー」を混ぜたように言います。日本人には「デー」に聞こえたりするようです。CDをよく聞いて、まねしてみましょう。

9日め　お元気でしたか？

1 元気でいるかを聞く表現

　日本語と同じ感覚で、そのまま使えるフレーズです。うちとけたていねいな言い方、語尾が「〜ヘヨ」「〜ヨ」で終わる「ヘヨ体」を中心に例文を紹介していきます。あいさつとともに言ってみましょう。

お元気でしたか？

オットッケ　チ　ネショッソヨ
어떻게 지내셨어요 ?
どのように　過ごされましたか

かしこまったていねい形 ハムニダ体
オットッケ　チ　ネショッスムニッカ
어떻게 지내셨습니까 ?

忙しかったです。

パッパッソ　ヨ
바빴어요 .
忙しかったです

かしこまったていねい形 ハムニダ体
パッパッスム ニ ダ
바빴습니다 .

お元気ですか？

オットッケ　チ　ネ　セ　ヨ
어떻게 지내세요 ?
どのように　過ごされていますか

かしこまったていねい形 ハムニダ体
オットッケ　チ　ネシムニッカ
어떻게 지내십니까 ?

　チャル
　잘は「よく」と訳されますが、頻度と可能の両方の意味で使います。〔例〕よく過ごす ⇒「いつも元気である」「元気でいられる」

元気です。

チャル　チ　ネ　ヨ
잘 지내요 .
よく　過ごしています

かしこまったていねい形 ハムニダ体
チャル　チ　ネムニ ダ
잘 지냅니다 .

75

2 お天気を聞く表現

こちらも日本語と同じ感覚で、あいさつに使えます。
　날씨(ナルッシ)は「空模様、天気」という意味で、「날씨 맑아요(ナルッシ マルガヨ)（天気が晴れです）」という言い方をします。ただし「雨」には、날씨(ナルッシ)は使わず、「비가 와요(ピガ ワヨ)（雨が降ります）」という表現をします。

いい天気ですね。

ナルッシ　チャム　チョチ　ヨ
날씨 참 좋지요？

`天気` `とても` `いいですね`

> 날씨 참 좋지요？
> いい天気ですね。

はい、とても暖かいですね。

ネ　　アジュ　タットゥテ　ヨ
네, 아주 따뜻해요.

`はい` `とても` `暖かいですね`

> 네, 아주 더워요.
> はい、とても暑いですね。

天気をいうときに使える単語

晴れです	マルガヨ **맑아요**	曇りです	フリョヨ **흐려요**
暑いです	トウォヨ **더워요**	寒いです	チュウォヨ **추워요**
涼しいです	シウォネヨ **시원해요**		

※「寒い」「暑い」などは室温の調節をお願いするときにも使えます。

3 「ご飯食べましたか（元気ですか）？」

あいさつ言葉としてよく使うフレーズです。食事へのお誘いの意味ではないので、誘われていると勘違いしないように…。

ご飯食べましたか（元気ですか）？

パム　モ ゴッソ ヨ
밥 먹었어요?
ご飯　　食べましたか

かしこまったていねい形　パム　モ ゴッスムニッカ
ハムニダ体　밥 먹었습니까?

はい、食べました。

ネ　　モ ゴッソ　ヨ
네, 먹었어요.
はい　　食べました

かしこまったていねい形　ネ　　モ ゴッスム ニ ダ
ハムニダ体　네, 먹었습니다.

いいえ、まだ食べていません。

ア ニ ヨ　　ア ジゥ アン　モ ゴッソ　ヨ
아니요, 아직 안 먹었어요.
いいえ　　　まだ　　ない　　食べました

ハムニダ体で言うと
アニヨ
아니요,
アジゥ
아직
アン　モ ゴッスム ニ ダ
안 먹었습니다.

これから食べます。

チグム　モグル　コイェヨ
지금 먹을 거예요.
今　　　食べるつもりです

かしこまったていねい形　チグム　モグル　コムニダ
ハムニダ体　지금 먹을 겁니다.

「あいさつを交わす」のおさらい

I 次の日本語訳にふさわしい韓国語を①〜③の中から選びましょう。

(1) お元気でしたか？

　①바빴어요．　②잘 지냈어요．　③잘 지내셨어요？
　　パッパッソ ヨ　　　チャル チ ネッソ ヨ　　　チャル チ ネショッソ ヨ

(2) ご飯食べましたか？（お元気ですか？）

　①네, 먹었어요．　②밥 먹었어요？　③잘 지내요．
　　ネ モゴッソ ヨ　　　パム モゴッソ ヨ　　　チャル チ ネ ヨ

II 次の日本語に対応するように、（　）に入る韓国語を①〜③の中から選びましょう。

(1) はい、とても寒いです。

　네, 아주 (　　)．
　ネ　アジュ

(2) はい、とても暑いです。

　네, 아주 (　　)．
　ネ　アジュ

　①추워요　　②더워요　　③따뜻해요
　　チュウォ ヨ　　　トウォ ヨ　　　タットゥッテ ヨ

答 え と 解 説

I　「お元気でしたか？」の意味をもつ言い方を理解しましょう。

(1) ③잘 지내셨어요？
　　（チャル チ ネショッソ ヨ）

　①바빴어요（パッパッソ ヨ）は「忙しかったです」、②잘 지냈어요（チャル チ ネッソ ヨ）は「元気でした」です。これらは「お元気でしたか？」の答えに使えるフレーズになります。

(2) ②밥 먹었어요？
　　（パム モゴッソ ヨ）

　①네, 먹었어요（ネ モゴッソ ヨ）は「はい、食べました」、③잘 지내요（チャル チ ネ ヨ）は「元気です」。밥 먹었어요？（パム モゴッソ ヨ）の問いに「잘 지내요（チャル チ ネ ヨ）（元気です）」とは答えないので注意しましょう。

II　①추워요（チュウォ ヨ）は「寒いです」、②더워요（トウォ ヨ）は「暑いです」、③따뜻해요（タットゥッテ ヨ）は「暖かいです」となります。

(1) ①추워요 ——— 네, 아주 추워요.
　　（チュウォ ヨ）　　　（ネ アジュ チュウォ ヨ）

　独り言のような「寒い寒い」は、**추워 추워~**（チュウォ チュウォ）と言ったりします。

(2) ②더워요 ——— 네, 아주 더워요.
　　（トウォ ヨ）　　　（ネ アジュ トウォ ヨ）

🇰🇷 韓国まめ知識

　戦争で食糧難だった時代に食事したかを確認しあった名残で、今も「ご飯食べましたか？」とよく聞きます。

　これは別に食事に誘っているのでもなく、何を食べたかの答えを求めているわけでもありません。食事がきちんとできていれば、「食べました」と返しましょう。

名前・趣味を聞く

10日め お名前は何ですか？

あいさつができたら、相手の名前を聞いてみましょう。

今日の例文

ケンタロウ

お名前は何ですか？
イルミ　オットッケ　ドェセ　ヨ
이름이 어떻게 되세요 ?
名前　が　どのように　なりますか

ヨンミ

私は李英美と申します。
チョヌン　イ ヨンミ ラ ゴ　ハム ニ ダ
저는 이영미라고 합니다 .
私　は　李　英美　と　申します

発音のつぼ

- ●이름に「が」にあたる이がついて音が連なり、「イルミ」となります。（イルミ／イ）
- ●어떻게は、「オ」「ット」「ッケ」という音が組み合わされたもの。「おっとっと」のリズムで言うつもりで発音してみてください。（オットッケ）
- ●되は、「ド」の後すぐに「エ」をつけ「ド」にアクセントで何度も続けて言い、「ドェ」と1音で発音してみましょう。（ドェ）

> **10日め** お名前は何ですか？

1 相手のことをもっと聞く表現

　ダイレクトに「〜は何ですか？」と聞く表現より、もう少し柔らかい表現の「〜はどのようになりますか？」を使う場合が多いです。

お名前は何ですか？

イル ミ オットッケ ドェセ ヨ
이름이 어떻게 되세요 ?
名前　が　どのように　なりますか

かしこまった ていねい形 ハムニダ体
ソンハ ミ オットッケ ドェシムニッカ
성함이 어떻게 되십니까 ?

● ひとことメモ ●
ソンハム　　イルム
성함は、**이름**の尊敬語です。

趣味は何ですか？

チュィミ ガ オットッケ ドェ セ ヨ
취미가 어떻게 되세요 ?
趣味　が　どのように　なりますか

かしこまった ていねい形 ハムニダ体
チュィミ ガ オットッケ ドェシムニッカ
취미가 어떻게 되십니까 ?

職業は何ですか？

チ ゴ ビ オットッケ ドェセ ヨ
직업이 어떻게 되세요 ?
職業　が　どのように　なりますか

かしこまった ていねい形 ハムニダ体
チ ゴ ビ オットッケ ドェシムニッカ
직업이 어떻게 되십니까 ?

電話番号は何番ですか？

チョナ ボノ ガ オットッケ ドェセ ヨ
전화번호가 어떻게 되세요 ?
電話番号　が　どのように　なりますか

かしこまった ていねい形 ハムニダ体
チョナ ボノ ガ オットッケ ドェシムニッカ
전화번호가 어떻게 되십니까 ?

10 名前・趣味を聞く

2 いろいろな場面での活用

◆ホテルで

ホテルの人に名前を聞かれたときなどの答え方です。これは、フォーマルな聞き方・答え方（ハムニダ体）になります。

お名前は何ですか？

<ソン ハ ミ オットッケ ドェシムニッカ>
성함이 어떻게 되십니까?

お名前　が　どのように　なりますか

予約した水間と申します。

<イェヤッカン ミズ マラゴ ハムニダ>
예약한 미즈마라고 합니다.

予約した　水間　と　申します

● ひとことメモ ●
「～と申します」というかしこまった表現なので、ヘヨ体はそぐいません。

◆友だちに

ここで使われる「イェヨ」は「です」の意味ですが、親しい人や年齢層が近い人に使う、うちとけたていねいな言い方（ヘヨ体）です。

お名前は何ですか？

<イル ミ ムォイェヨ>
이름이 뭐예요?

お名前　が　何　ですか

私はトモミです。

<チョヌン ト モ ミイェヨ>
저는 토모미예요.

私　は　トモミ　です

● ひとことメモ ●
質問のときは助詞「이／가（イ／ガ）（～が）」、答えるときには「은／는（ウン／ヌン）（～は）」を使います。

3 仕事や趣味を聞く表現

相手の名前が聞けたら、今度は職業や好きなことなど、いろいろなことを聞いてみましょう。

お仕事は何ですか？

ムスン ニ ラ セヨ
무슨 일하세요 ?
何の　ことを　なさっていますか

かしこまったていねい形
ハムニダ体　ムスン ニ ラ シムニッカ
무슨 일하십니까 ?

まだ、学生です。

ア ジゥ ハクセン イ エ ヨ
아직 학생이에요 .
まだ　学生　です

かしこまったていねい形
ハムニダ体　ア ジゥ ハクセンイムニ ダ
아직 학생입니다 .

何がお好きですか？

ムォル チョア ハ セ ヨ
뭘 좋아하세요 ?
何を　お好きですか

かしこまったていねい形
ハムニダ体　ムォル チョ ア ハ シムニッ カ
뭘 좋아하십니까 ?

写真を撮るのが好きです。

サ ジン チンヌン ゴスル チョア ヘ ヨ
사진 찍는 것을 좋아해요 .
写真　撮る　のを　好きです

ハムニダ体で言うと
サ ジン チンヌン ゴスル
사진 찍는 것을
チョ ア ハ ム ニ ダ
좋아합니다 .

「名前・趣味を聞く」のおさらい

I 次のフレーズをていねいな言い方の順に並べ替えましょう。

（1）お名前は何ですか？

　　　　_{イルミ ムォイエヨ}　　　　　　_{ソン ハ ミ オットッケ ドェシム ニッカ}
　　①이름이 뭐예요？　　②성함이 어떻게 되십니까？

　　　　_{イルミ オットッケ ドェセヨ}
　　③이름이 어떻게 되세요？

（2）私はエミです（と申します）。

　　　　_{チョヌン エ ミ ラゴ ハムニダ}　　　　_{チョヌン エ ミ イェヨ}
　　①저는 에미라고 합니다．　　②저는 에미예요．

II 次の日本語に対応するように、（　）に入る韓国語を①〜③の中から選びましょう。

（1）趣味は何ですか？

　　　　　　_{オットッケ ドェセヨ}
　　（　）어떻게 되세요？

（2）職業は何ですか？

　　　　　　_{オットッケ ドェセヨ}
　　（　）어떻게 되세요？

　　_{イルミ}　　　　_{チゴビ}　　　　_{チュィミ ガ}
　①이름이　　②직업이　　③취미가

84

10日め お名前は何ですか？

答えと解説

Ⅰ 同じていねいな言い方でも、かしこまった「ハムニダ体」と、うちとけた「ヘヨ体」の違いを覚えましょう。

(1) ②→③→①

名前という言葉がフォーマルになると変わることに注意しましょう。「이름（名前）」「성함（お名前）」があります。

(2) ①→②

라고 합니다は「～と申します」にあたり、よりていねいな表現です。

Ⅱ ①이름이は「名前が」、②직업이は「職業が」、③취미가は「趣味が」です。

(1) ③취미가 ——— 취미가 어떻게 되세요?

취미が母音で終わっているので가がつきます。

(2) ②직업이 ——— 직업이 어떻게 되세요?

직업が子音で終わっているので이がつきます。

韓国まめ知識

名前を言うときの라고 합니다は、라고 해요とヘヨ体では言いません。라고 합니다は「と申します」、라고 해요は「と言います」という表現で、物の名前を言うときは라고 해요を使いますが、名乗るときには使わないのです。自己紹介で、自分の名前を言うときは、라고 합니다を使いましょう。

10 名前・趣味を聞く

85

11日め これは何ですか？

物のことを聞く

わからないことや興味をもった物について、聞いてみましょう。

今日の例文

マユミ
これは何ですか？
イゴシ ム オシエヨ
이것이 무엇이에요?
これ が 何 ですか

露店のおじさん
それは青唐辛子です。
ク ゴスン プッコ チュイェヨ
그것은 풋고추예요.
それ は 青唐辛子 です

発音のつぼ

- 그것은「クゴスン」の「ク」「ス」ともに口を横に伸ばして発音してください。
- 고추の추は息を激しく吐きながら発音する音で、これを「激音」といいます。「チュ」を勢いよく言うつもりで発音すると、自然に「コッチュ」と詰まるような感じになります。

> 11日め これは何ですか？

1 指示代名詞

韓国語の指示代名詞は、日本語の「これ・それ・あれ」とほぼ同じ感覚で使えます。

「이것（これ）」[イゴッ]は、話し手から近い物事を指すときに使います。

これ　　　　　これは何ですか？

イゴッ　　　　　　イゴシ　ム オ シ エ ヨ
이것　➡　이것이 무엇이에요 ?
　　　　　　　これ　が　何　　ですか

「그것（それ）」[クゴッ]は、聞き手には近いけれども、話し手からは遠い物事を指すときに使います。

それ　　　　　それは何ですか？

クゴッ　　　　　　クゴシ　ム オ シ エ ヨ
그것　➡　그것이 무엇이에요 ?
　　　　　　　それ　が　何　　ですか

「저것（あれ）」[チョゴッ]は、話し手からも聞き手からも遠い距離にある物事を指すときに使います。

あれ　　　　　あれは何ですか？

チョゴッ　　　　　チョゴシ　ム オ シ エ ヨ
저것　➡　저것이 무엇이에요 ?
　　　　　　　あれ　が　何　　ですか

◆日本語との使い方の違い

　日本語ではすでに言及したこと、または話し手も聞き手もわかっていることを指すとき「あれ・あの・あそこ」を使います。しかし、韓国語では「それ・その・そこ」を使います。

あの人
ク　サラム
그 사람
その　　人

あの店
ク　ガゲ
그 가게
その　　店

あそこ
コ ギ
거기
そこ

あれ
ク ゴッ
그것
それ

2 位置名詞

　「これは何ですか？」と聞けるようになったら、「何がどこにあるか」を言う表現を覚えましょう。

時計はどこにありますか？
シゲヌン　オディエ　イッソ　ヨ
시계는 어디에 있어요 ?
時計　は　どこ　に　ありますか

● ひとことメモ ●
名詞と位置名詞の間には、「의（エ）（の）」は入りません。

時計はテーブルの上にあります。
シゲヌン　テイブル　ウィエ　イッソ　ヨ
시계는 테이블 위에 있어요 .
時計　は　テーブル　上　に　あります

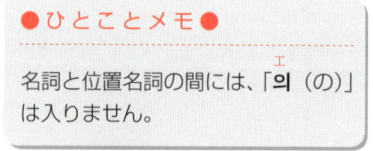

テイブル　ヨプ
테이블 옆
テーブル（の）横

11日め これは何ですか？

場所を表す位置名詞

前 앞 (アプ)	後ろ 뒤 (トゥィ)	横、隣 옆 (ヨプ)	間 사이 (サイ)
外 밖 (パク)	中 안 (アン)	上 위 (ウィ)	下 아래 (アレ)

3 疑問詞

疑問詞がつく場所は日本語と同じです。「誰」の**누구**(ヌグ)は、「誰が」のときは**누가**(ヌガ)に変わります。

どれがエミさんのカバンですか？

オヌ ゴシ エミ ッシ カバン イエヨ
어느 것이 에미 씨 가방이에요？
どの ものが エミ さん カバン ですか

家はどこですか？

チビ オディイエヨ
집이 어디예요？
家 が どこ ですか

疑問詞

何 무엇 (ムオッ)	どれ 어느 것 (オヌゴッ)	どこ 어디 (オディ)	誰 누구 (ヌグ)

ワンポイント　「〜が」と「〜は」の使い分け

　日本語と韓国語は文法がよく似ていますが、助詞の使い方など少し違うところもあります。例えば、「〜が」と「〜は」の使い方。
　「이／가（が）」(イ／ガ)は初めて話題にあがるものに使うので、「家がどこですか？」という言い方になるわけです。また「은／는（は）」(ウン／ヌン)は、お互いが知っていること、あるいは強調して言いたいことに使い、「家はソウル市内にあります」「私はそう思います（強調）」となります。

11 物のことを聞く

「物のことを聞く」のおさらい

I 左のイラストが指している位置にふさわしい指示代名詞を、右の韓国語から選んで線で結びましょう。

(1) ・　　　　　　　・ イゴッ
　　　　　　　　　　　이것

(2) ・　　　　　　　・ クゴッ
　　　　　　　　　　　그것

(3) ・　　　　　　　・ チョゴッ
　　　　　　　　　　　저것

II 次の日本語に対応するように、(　) に入る韓国語を①〜③の中から選びましょう。

(1) 時計はどこにありますか？
　　　　　ヌン オディエ イッソヨ
　　(　) 는 어디에 있어요?

(2) 家はどこですか？
　　　　　イ オディイェヨ
　　(　) 이 어디예요?

　　チプ　　　　　　カバン　　　　　　シゲ
　①집　　　　②가방　　　　③시계

90

答えと解説

Ⅰ 이것は「これ」、그것は「それ」、저것は「あれ」です。

(1) 이것：本の一点を指しています。話し手から近いものを指すときは「이것（これ）」を使います。

(2) 저것：遠くを指しています。話し手からも聞き手からも遠い物事を指すときは「저것（あれ）」を使います。

(3) 그것：相手の持っている本を指しています。聞き手に近く話し手に遠いものを指すときは「그것（それ）」を使います。

Ⅱ ①집は「家」、②가방は「カバン」、③시계は「時計」です。

(1) ③시계――――시계는 어디에 있어요?

どこにあるか聞きたいもの、ここでは「時計」が入ります。

(2) ①집――――집이 어디예요?

「～が」にあたる이がつくと、집이と連音します。

🇰🇷 韓国まめ知識

　会話では「彼」を「그 남자（その男性）」、「彼女」を「그 여자（その女性）」と表現します。小説や歌の歌詞などでは、これ以外に「彼」が그、「彼女」が그녀と表現されることもあります。
　使い方は日本語とほとんど同じですが、그 남자、그 여자には「恋人」という意味はなく、おつき合いのある人のことは、「남자 친구（男性友だち）」「여자 친구（女性友だち）」と言います。ボーイフレンド、ガールフレンドと同じですね。

値段を聞く

12日め これはいくらですか？

買い物に行ったら値段を聞いてみましょう。

今日の例文

マユミ

これはいくらですか？
イゴ　オル　マイェヨ
이거 얼마예요？
<u>これ</u>　<u>いくら</u>　<u>ですか</u>

男性店員

2万ウォンです。
イ　マ　ヌォ　ニ　エ　ヨ
2 만 원이에요.
<u>2</u>　<u>万</u>　<u>ウォン</u>　<u>です</u>

発音のつぼ

● 이거「イゴ」の「ゴ」は口を少し開け、舌の奥だけを動かして発音します。日本語で近い音、「囲碁」で通じるでしょう。

● 2만 원「イ (i)」「マン (man)」「ウォン (won)」がつながって、「イマヌォン」となります。ウォンのウがなくなってしまうので慣れるまで聞き取りにくいかもしれません。

12日め　これはいくらですか？

1 値段を聞く表現

金額はウォンのウが数字に連音して、なくなってしまうので慣れるまで聞き取りにくいかもしれません。「**천원**（チョヌォン／千ウォン）」「**만원**（マヌォン／万ウォン）」で慣れていきましょう。

これはいくらですか？

イゴ オルマイェヨ
이거 얼마예요?
これ／いくら／ですか

かしこまったていねい形／ハムニダ体
イゴ オルマ イムニッカ
이거 얼마입니까?

8万4千ウォンです。

パルマンサ チョ ヌォニ エ ヨ
8만 4천 원이에요.
8／万／4／千／ウォン／です

かしこまったていねい形／ハムニダ体
パル マン サ チョ ヌォ ニム ニ ダ
8만 4천 원입니다.

全部でいくらですか？

チョンブ オルマイェヨ
전부 얼마예요?
全部／いくら／ですか

かしこまったていねい形／ハムニダ体
チョンブ オルマ イムニッカ
전부 얼마입니까?

全部で17万ウォンです。

チョンブ シプチル マ ヌォニ エ ヨ
전부 17만 원이에요.
全部／17／万／ウォン／です

かしこまったていねい形／ハムニダ体
チョンブ シプチル マ ヌォ ニム ニ ダ
전부 17만 원입니다.

93

2 漢数詞

「一、二、三…」にあたる漢数詞を練習しましょう。2桁以上の漢数詞は、それぞれの数字を組み合わせて言います。

〔例〕 십(10) + 오（5）＝ 십오 (15)
　　　シプ　　　　オ　　　　　シ ポ

1 イル 일	2 イ 이	3 サム 삼	4 サ 사	5 オ 오
6 ユク 육	7 チル 칠	8 パル 팔	9 ク 구	10 シプ 십
11 シ ビル 십일	12 シ ビ 십이	13 シプサム 십삼	14 シプ サ 십사	15 シ ポ 십오
16 シムニュク 십육	17 シプチル 십칠	18 シプパル 십팔	19 シプ ク 십구	20 イ シプ 이십
30 サムシプ 삼십	40 サ シプ 사십	50 オ シプ 오십	60 ユクシプ 육십	70 チルシプ 칠십
80 パルシプ 팔십	90 ク シプ 구십	百 ペク 백	千 チョン 천	万 マン 만

◆2桁以上の場合、「6」の発音に注意

「6」は単体で読むと「ユク」ですが、「6」の前に「10」「20」など上の桁が入ると「ニュク」と発音が変わります。

75	76	521	3148
チルシ ボ 칠십오	チルシムニュク 칠십육	オ ベ ギ シ ビル 오백이십일	サムチョンペク サ シプパル 삼천백사십팔

> 12日め　これはいくらですか？

3 漢数詞で数える助数詞

漢数詞で数える助数詞は、「번（番）」「호（号）」「층（階）」「회（回）」「박（泊）」「원（ウォン）」「월（月）」「일（日）」「분（分）」です。

◆「몇（何）」の使い方

　몇は「何」の意味で、数をたずねるときにのみ使います。

電話番号は何番ですか？

チョナ ボノガ ミョッ ボニ エヨ
전화번호가 몇 번이에요 ?　🔲かしこまったていねい形（ハムニダ体）　チョナ ボノガ ミョッ ボニムニッカ
전화번호가 몇 번입니까 ?

電話番号　が　何　番　ですか

クサチレ イ(ルッ)サ ミ エ ヨ
947 － 2163 이에요 .

947　の　2163　です

●ひとことメモ●

電話番号を言う場合、間を「에（の）」でつなぎます。947 －がつながって発音されて「クサチレ」となります。

ワンポイント 漢数詞の 0、영と공の使いかた ☕

　漢数詞の「0」には、영と공、ふたつの言い方があります。漢字で表すと영が「零（レイ）」、공が「空（クウ）」。영は日本語の「レイ」、공は日本語の「ゼロ」にあたるものです。
　電話番号などは、「공구공（090）」と「공（ゼロ）」を使って言います。영を使うのはごく一部で、「0.3」というような小数点以下の数字を言う場合や、「マイナス0度」というときなどです。

「値段を聞く」のおさらい

I 次の日本語に対応するように、（　）に入る韓国語を①〜③の中から選びましょう。

(1) これはいくらですか？

　　（　） 얼마예요？
　　　　　オルマイェヨ

(2) 全部でいくらですか？

　　（　） 얼마예요？
　　　　　オルマイェヨ

①전부　　　②이거　　　③그거
　チョンブ　　　イゴ　　　　クゴ

II 次の韓国語で表した金額と同じものを①〜③の中から選びましょう。

(1) 삼만 원
　　サムマヌォン

(2) 오만 원
　　オマヌォン

(3) 팔만 원
　　パルマヌォン

　　①5万ウォン　　②8万ウォン　　③3万ウォン

12日め これはいくらですか？

答えと解説

Ⅰ 「얼마예요？(オルマイェヨ)（いくらですか？）」を使ってみましょう。

(1) ②이거(イゴ)────이거 얼마예요？(イゴ オルマイェヨ)

「これは」の「は」は省略されます。③그거(クゴ)は「それ」です。

(2) ①전부(チョンブ)────전부 얼마예요？(チョンブ オルマイェヨ)

「全部で」の「で」は省略されます。

Ⅱ 金額は、만 원(マヌォン)と連音した音に慣れましょう。

(1) ③3万ウォン

삼(サム)は漢数詞の「3」、만(マン)は「万」、원(ウォン)は「ウォン」です。

(2) ①5万ウォン

오(オ)は漢数詞の「5」です。

(3) ②8万ウォン

팔(パル)は漢数詞の「8」です。

韓国まめ知識

　昔、まだ韓国固有の文字であるハングルがなかった時代は、中国から入ってきた漢字を使っていました。そのため、韓国にも漢字語があり、それは日本語の音読みにあたるものです。
　「山」は韓国語でもサンと読み、「南山タワー」はナムサンタウォと言います。「南」がナムだから、「南大門」はナムデムンと覚えていけます。「会社」はフェサで「社会」はサフェ、と漢字語の韓国語読みを覚えていけば知らない単語でも予測がつくようになります。

値段を聞く

場所を聞く

13日め トイレはどこですか？

行きたい所がどこにあるか聞いてみましょう。

今日の例文

マユミ

トイレはどこですか？
ファジャンシ リ オ ディイェ ヨ
화장실이 어디예요？
トイレ　が　　どこ　　ですか

男性店員

あそこです。
チョ ギ イェ ヨ
저기예요．
あそこ　　です

発音のつぼ

- ファジャンシル イ
  화장실에 이がつながって、発音は「ファジャンシリ」になります。
- イェヨ
  예요は、「エヨ」と「イェヨ」の間くらいの音になります。
- オディ オ
  어디の어は、口を大きめに開く音です。「ア」の口の開き方をして「オ」と発音してみましょう。

> **13日め** トイレはどこですか？

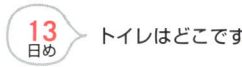

1 場所を表す指示代名詞

日本語の「ここ・そこ・あそこ」と同じ感覚で使えます。

「**여기**（ここ）」は話し手から近い場所を指すときに使います。

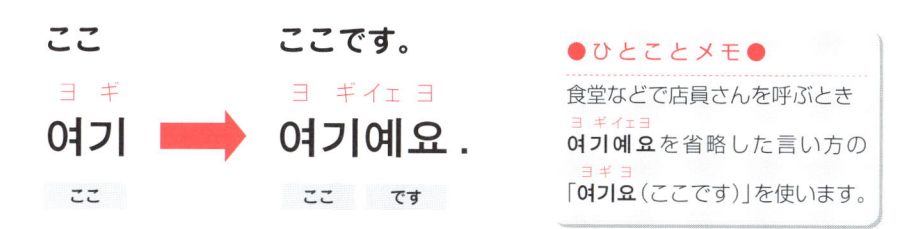

ここ

ヨギ
여기
ここ

➡

ここです。

ヨ ギイェヨ
여기예요.
ここ　です

● ひとことメモ ●
食堂などで店員さんを呼ぶとき
ヨギイェヨ
여기예요を省略した言い方の
ヨギヨ
「**여기요**（ここです）」を使います。

「**거기**（そこ）」は聞き手には近いけれども、話し手からは遠い場所を指すときに使います。

そこ

コギ
거기
そこ

➡

そこです。

コ ギイェヨ
거기예요.
そこ　です

「**저기**（あそこ）」は話し手からも聞き手からも遠い場所を指すときに使います。

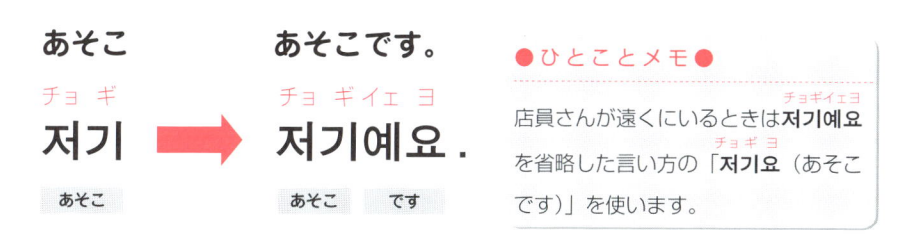

あそこ

チョギ
저기
あそこ

➡

あそこです。

チョ ギイェ ヨ
저기예요.
あそこ　です

● ひとことメモ ●
店員さんが遠くにいるときは**저기예요**
を省略した言い方の「**저기요**（あそこです）」を使います。

13 場所を聞く

99

2 道をたずねる表現1

目的の場所がどこにあるか聞く表現を覚えましょう。

この近くに銀行はありますか？

イ クンチョ エ ウネンイ イッソ ヨ
이 근처에 은행이 있어요?

| この | 近所 | に | 銀行 | が | ありますか |

右に曲がるとあります。

オルンチョグ ロ トラガミョンイッソ ヨ
오른쪽으로 돌아가면 있어요.

| 右側 | へ | 曲がると | あります |

●ひとことメモ●
「左側」は **왼쪽**です。
「左に」は **왼쪽으로**。

ウェンチョグ ロ トラ ガミョン イッソ ヨ
왼쪽으로 돌아가면 있어요.
左に曲がるとあります。

道をたずねるときに使える単語

横断歩道	フェンダン ポ ド 횡단보도	信号	シ ノドゥン 신호등
交差点	キョチャロ 교차로	地下道	チ ハ ド 지하도
陸橋	ユッキョ 육교	向かい側	コン ノピョン 건너편

> 13日め トイレはどこですか？

3 道をたずねる表現２

　地図を持って自分で探すより、人に聞いて探す人が多い韓国です。きっと親切に教えてくれますから、気軽に道を聞いてみましょう。

すみません。ちょっとおたずねします。

シルレ ハムニダ　マルスム チョム ムッケッスムニダ
실례합니다. 말씀 좀 묻겠습니다.
失礼　　しますお言葉 ちょっと　　たずねます

● ひとことメモ ●
道をたずねるときは、かしこまったハムニダ体を使いましょう。

ソウル駅はどこですか？

ソウルリョグン オディイェヨ
서울역은 어디예요?
ソウル　　駅　は　どこ　ですか

この道をまっすぐ行くとあります。

イ キルル トゥパロ カミョンイッソヨ
이 길을 똑바로 가면 있어요.
この　道　を　　まっすぐ　　行くと　　あります

ワンポイント 「あそこです」と店員さんを呼ぶ？

　店内などでとてもよく使われる表現に「여기요（ここです）」「저기요（あそこです）」があります。
　これは、店員さんなどに声をかけるときの「すみません！」にあたるもので、여기요は「こちらを見てください」を、저기요は「あちらのあなた」を省略した表現です。

「場所を聞く」のおさらい

I 次の日本語に対応するように、（　）に入る韓国語を①〜③の中から選びましょう。

(1) トイレはどこですか？

　　（　）　어디예요？
　　　　　オ ディイェ ヨ

(2) ソウル駅はどこですか？

　　（　）　어디예요？
　　　　　オ ディイェ ヨ

①서울역은　　②은행이　　③화장실이
　ソ ウルリョグン　　　ウ ネンイ　　　ファジャンシ リ

II 「ここ」「そこ」「あそこ」にあたる韓国語を、絵にかきこんでみましょう。

(1) （　　　）

(2) （　　　）

(3) （　　　）

答えと解説

I 「~ 어디예요？（~どこですか？）」を使って、どこにあるかを聞く言い方です。

(1) ③화장실이 ——— 화장실이 어디예요？

화장실은でも同じように使えます。

(2) ①서울역은 ——— 서울역은 어디예요？

서울역이でも同じように使えます。

II 「ここ」は여기、「そこ」は거기、「あそこ」は저기です。

(1) 여기

私が立っているバス停（ここ）の絵です。

(2) 저기

遠くにあるビル（あそこ）の絵です。

(3) 거기

バス停から少し離れたベンチの絵です。

韓国まめ知識

　韓国人は、初めて行く場所でも事前に地図などで調べず、通りがかりの人に気軽に道を聞きながら行くことが多いです。

　私の母は、知らないことを恥ずかしがって聞かないと「その口は何のためについているの？」と言います。「人に聞けばすぐわかることならば、躊躇しないで率直に聞けばいい」という考えが根底にあるからです。みなさんも韓国に行ったら恥ずかしがらずに、どんどん道を聞いてみてください。

14日め 要望を聞く
何がしたいですか？

相手に何がしたいか、聞く表現を覚えましょう。

今日の例文

ケンタロウ

何がしたいですか？
ム　オスル　ハ ゴ　シッ ポ ヨ
무엇을 하고 싶어요？
何　　を　　　し　　　たいですか

ヨンミ

映画が見たいです。
ヨン ファ ルル　ポ ゴ　シッ ポ ヨ
영화를 보고 싶어요．
映画　　を　　　見　　　たいです

発音のつぼ

- 싶어요は、「シィッポヨ」とほんの少し「ィ」を入れる気持ちで発音してみてください。日本語で「尻尾よ」と言う感じです。
- 영화の「ン」はngの「ン」です。「ファ」はngから「ア」をつなげて言う感じで発音します。「ヨンファ」の「ファ」は、「ハ」と「ファ」の間のような音になる気持ちで言ってみてください。

> 14日め 何がしたいですか？

1 「したい」「したくない」の表現

「～고 싶어요（～したいです）」の語尾を上げて言うと疑問文になります。日本語では「～がしたい」と言いますが、韓国語では「～をしたい」と言います。

歌が聞きたいですか？

ノレルル トゥッコ シッポ ヨ
노래를 듣고 싶어요 ?
<small>歌　を　聞き　たいですか</small>

<small>かしこまったていねい形</small> ハムニダ体 　ノレルル トゥッコ シプスムニッカ
노래를 듣고 싶습니까 ?

はい、聞きたいです。

ネ トゥッコ シッポ ヨ
네 , 듣고 싶어요 .
<small>はい　聞き　たいです</small>

<small>かしこまったていねい形</small> ハムニダ体 　ネ トゥッコ シプスムニダ
네 , 듣고 싶습니다 .

いいえ、聞きたくないです。

アニヨ アントゥッコ シッポ ヨ
아니요 , 안 듣고 싶어요 .
<small>いいえ　ない　聞き　たいです</small>

<small>かしこまったていねい形</small> ハムニダ体 　アニヨ アントゥッコ シプスムニダ
아니요 , 안 듣고 싶습니다 .

そんなに好きじゃないです。

ピョルロ アン チョア ヘ ヨ
별로 안 좋아해요 .
<small>あまり　ない　好きです</small>

<small>かしこまったていねい形</small> ハムニダ体 　ピョルロ アン チョア ハムニダ
별로 안 좋아합니다 .

要望を聞く

2 否定の表現

　日本語と韓国語の語順はほとんど同じですが、動詞と形容詞の否定文の語順は少し違います。また名詞の場合、子音で終わる単語（パッチムのある単語）と母音で終わる単語（パッチムのない単語）で助詞の使い分けがあります。

覚えよう！ 안＋動詞／形容詞
アン

行きません。
アン ガ ヨ
안 가요.
ない　行きます

食べません。
アン モ ゴ ヨ
안 먹어요.
ない　食べます

辛くないです。
アン メ ウォ ヨ
안 매워요.
ない　辛いです

高くないです。
アン ピッ サ ヨ
안 비싸요.
ない　高いです

覚えよう！
子音で終わる名詞＋이 아니에요.
（パッチムあり）
イ ア ニ エ ヨ

母音で終わる名詞＋가 아니에요.
（パッチムなし）
ガ ア ニ エ ヨ

韓国人ではありません。
ハングッ サ ラ ミ ア ニ エ ヨ
한국 사람이 아니에요.
韓国　人　が　　ありません

主婦ではありません。
チュブ ガ ア ニ エ ヨ
주부가 아니에요.
主婦　が　　ありません

106

> 14日め 何がしたいですか？

3 相手に提案する表現

提案をしながら相手の気持ちをうかがう意味も含む、어때요？を使って「どうですか？」と聞いてみましょう。

覚えよう！ 〜するのはどうですか？　〜건 어때요？
（ゴン オッテ ヨ）

食べるのはどうですか？
먹는 건 어때요？
（モンヌン ゴン オッテ ヨ）
食べる／のは／どうですか

見るのはどうですか？
보는 건 어때요？
（ポ ヌン ゴン オッテ ヨ）
見る／のは／どうですか

買うのはどうですか？
사는 건 어때요？
（サ ヌン ゴン オッテ ヨ）
買う／のは／どうですか

飲むのはどうですか？
마시는 건 어때요？
（マ シ ヌン ゴン オッテ ヨ）
飲む／のは／どうですか

ワンポイント 助詞「〜を」の使い方

「〜がしたいです」と言う場合、韓国語では、「〜을/를 하고 싶어요（〜をしたいです）」という言い回しをします。これは、目的語には「을/를（を）」をつけるというルールがあるからです。ちなみに、「車に乗る」は「車を乗る」、「料理ができる」は「料理をできる」、「友だちに会う」は「友だちを会う」と表現します。「車」を移動手段・目的に、「料理」を手段・目的に、「友だち」を自分が会いに行く目的にとらえるので、「〜を」の助詞を使うわけです。

14 要望を聞く

「要望を聞く」のおさらい

I 次の日本語に対応するように、①~③の韓国語を並べ替えて文を完成させましょう。

(1) 何がしたいですか？
（　　　）（　　　）（　　　）？

①싶어요　　②하고　　③무엇을
（シッポヨ）（ハゴ）（ムオスル）

(2) 映画が見たいです。
（　　　）（　　　）（　　　）．

①보고　　②싶어요　　③영화를
（ポゴ）（シッポヨ）（ヨンファルル）

II 次の韓国語（動詞・形容詞）を안（アン）を使って否定形にしましょう。

(1) **가요**．行きます。
（カヨ）
→（　　　）（　　　）．行きません。

(2) **매워요**．辛いです。
（メウォヨ）
→（　　　）（　　　）．辛くないです。

108

14日め 何がしたいですか？

答えと解説

I 「~을/를 하고 싶어요（~がしたいです）」で、何がしたいかを伝えることができます。

(1) ③②①→**무엇을 하고 싶어요？**
（ムオスル ハゴ シッポヨ）
語尾を上げて言うと疑問文になります。

(2) ③①②→**영화를 보고 싶어요．**
（ヨンファルル ポゴ シッポヨ）
보고 싶어요（ポゴ シッポヨ）は「見たい」のほかに「会いたい」という意味でも使います。

II 안（アン）をつけると否定形になります。

(1) （**안**）（**가요**）．
（アン）（ガヨ）
動詞の前に안（アン）をつけると「~（し）ません」となります。「カヨ」は前に単語がくると「ガヨ」と音が濁ります。

(2) （**안**）（**매워요**）．
（アン）（メウォヨ）
形容詞の前に안（アン）をつけると「~（く）ないです」となります。

韓国まめ知識

　日本人に比べると、韓国人は「イエス」か「ノー」かを比較的はっきり言います。買い物に行って、友だちが試着をしたとき似合わないと思えば、「それは似合わないからやめた方がいいよ」とはっきり意見を言います。
　韓国人の率直で明快な気質を理解していないと、ちょっと驚くようなことがあるかもしれません。

好き嫌いを聞く

15日め 韓国ドラマがお好きですか？

好きなものを聞いたり、言ったりしてみましょう。

今日の例文

ジュンス

韓国ドラマがお好きですか？
ハングゥ トゥラマルル チョア ハセヨ
한국 드라마를 좋아하세요？
韓国　　ドラマ　　を　　お好きですか

マユミ

はい、とても好きです。
ネ　アジュ チョア ヘヨ
네, 아주 좋아해요.
はい　とても　好きです

発音のつぼ

- ハングゥ
  한국は、「ハングー」とほんの少し延ばすつもりで「k」と詰まらせて言ってみてください。
- トゥラマ トゥ
  드라마の드は口を横に伸ばして発音してみてください。
- チョア
  좋아は、気にせずカタカナのままで読めば大丈夫です。

> **15日め** 韓国ドラマがお好きですか？

1 好き、嫌いを聞く表現

「～が好き」「～が嫌い」という表現を練習しましょう。

「～を」を表す助詞は、韓国語では2通りあります。パッチムがある単語（子音で終わる単語）には을（ウル）、パッチムがない単語（母音で終わる単語）には를（ルル）を使います。

연예인（ヨネイン）は ㄴ のパッチムがあるので、을（ウル）を使います。一方、영화（ヨンファ）はパッチムがないので를（ルル）を使います。

韓国の芸能人がお好きですか？

한국 연예인을 좋아하세요？
（ハングン ニョネ イヌル チョア ハ セ ヨ）
韓国　芸能人　を　　お好きですか

はい、好きです。

네, 좋아해요.
（ネ チョア ヘ ヨ）
はい　　好きです

映画がお嫌いですか？

영화를 싫어하세요？
（ヨンファルル シロ ハ セ ヨ）
映画　を　お嫌いですか

はい、嫌いです。

네, 싫어해요.
（ネ シロ ヘ ヨ）
はい　　嫌いです

● ひとことメモ ●

日本語では「～が好き」「～が嫌い」と言いますが、韓国語では「～を好き」「～を嫌い」と表現します。好きなもの、嫌いなものを目的語と考えるので、目的助詞の「を」を使うのです。

연예인（ヨネイン）の ㄴ の文字は n の子音を表します。この単語の最後の子音を「パッチム」といいます。「パッチム」には、「下から支えるもの」という意味があります。

연예인 ← これがパッチム。

15 好き嫌いを聞く

111

2 料理名を覚えよう

どんな食べ物が好きか聞けるようになったら、いろいろな食べ物の名前も覚えましょう。

どんな食べ物がお好きですか？

オットン ウム シ グル チョア ハ セ ヨ
어떤 음식을 좋아하세요 ?

| どんな | 食べ物 | を | | お好きですか |

カムジャタンが好きです。

カムジャタン ウル チョア ヘ ヨ
감자탕 을 좋아해요 .

| カムジャタン | | を | | 好きです |

● ひとことメモ ●
「カムジャタン」は、じゃがいもと豚の骨を煮込んだ料理です。

入れ替え！

会話が広がる入れ替え単語

ユッケ	ユクェ 육회	クッパ	ククパプ※ 국밥
ナムル	ナムル※ 나물	冷麺	ネンミョン※ 냉면
キムチチゲ	キム チッチ ゲ 김치찌개	サムゲタン	サム ゲタン※ 삼계탕
海鮮チヂミ	ヘ ムルジョン※ 해물전	石焼ビビンバ	トルソッ ピ ビムパプ※ 돌솥 비빔밥

※パッチムのある単語は을を使います。それ以外の単語はパッチムがないので를を使います。

112

15日め　韓国ドラマがお好きですか？

3 好みを言ういろいろな表現

「〜が好き」「〜が嫌い」という表現以外にも、「〜は好き」「〜は嫌い」「〜は苦手です」という表現も一緒に覚えてみましょう。

韓国料理はお好きですか？

ハングン　ニョ リ ヌン　チョ ア ハ セ ヨ
한국 요리는 좋아하세요？
韓国　料理　は　お好きですか

はい、大好きです。

ネ　　チンッチャチョ ア ヘ ヨ
네, 진짜 좋아해요．
はい　本当に　好きです

甘いものはお好きですか？

タン　ゴ スン チョ ア ハ セ ヨ
단 것은 좋아하세요？
甘い　もの は　お好きですか

ちょっと苦手です。

チャル モン モ ゴ ヨ
잘 못 먹어요．
よく　食べられません

運動はお嫌いですか？

ウンドンウン　シ ロ ハ セ ヨ
운동은 싫어하세요？
運動　は　お嫌いですか

はい、嫌いです。

ネ　　シ ロ ヘ ヨ
네, 싫어해요．
はい　嫌いです

ワンポイント　韓国語にもある尊敬表現

韓国語にも尊敬表現があります。「좋아하세요？（チョ ア ハ セ ヨ）（お好きですか？）」「싫어하세요？（シ ロ ハ セ ヨ）（お嫌いですか？）」などは、相手のことを敬って言う尊敬表現です。

세요（セヨ）は「〜なさいます」という意味の語尾で、「좋아하다（チョ ア ハ ダ）（好む）」という動詞に세요（セヨ）がついて、「좋아하세요（チョ ア ハ セ ヨ）（お好きです）」という尊敬表現になります。

15 好き嫌いを聞く

「好き嫌いを聞く」のおさらい

I 次の質問にふさわしくない答えを、①〜③の中から選びましょう。

(1) 한국 드라마를 좋아하세요?

①네, 아주 좋아해요. ②안 먹어요. ③아니요, 싫어해요.

(2) 한국 요리는 좋아하세요?

①네, 좋아해요. ②아니요, 싫어해요. ③안 가요.

II 次の日本語に対応するように、(　)に入る韓国語を①〜④の中から選びましょう。

(1) カムジャタンが好きです。

(　　)(　　) 좋아해요.

(2) キムチチゲが好きです。

(　　)(　　) 좋아해요.

①김치찌개　②감자탕　③을　④를

答 え と 解 説

I 「~ 좋아하세요？（~お好きですか？）」の問いの答えを理解しましょう。

(1) ②**안 먹어요.**

質問は「韓国ドラマがお好きですか？」です。①「はい、とても好きです」、②「食べません」、③「いいえ、嫌いです」。

(2) ③**안 가요.**

質問は「韓国料理はお好きですか？」です。①「はい、好きです」、②「いいえ、嫌いです」、③「行きません」。

II 「~を」にあたる을と를のどちらを使うかは、前にくる単語にパッチムがあるかないかによって決まります。

(1) (②**감자탕**)(③**을**) 좋아해요.

감자탕は子音で終わっている（パッチムがある）ので、을がきます。

(2) (①**김치찌개**)(④**를**) 좋아해요.

김치찌개は母音で終わっている（パッチムがない）ので、를がきます。

韓国まめ知識

　韓国では食べ物をよく混ぜて食べます。「비빔밥（ビビンバ）」は「비비다（混ぜる）」「밥（ご飯）」、つまり「混ぜご飯」のことを言います。ビビンバはしっかり混ぜて、混ざった味を楽しみます。

　かき氷にフルーツやアイスクリームなどをトッピングした「팥빙수（かき氷）」も、1つのものを何人かでよーく混ぜて食べます。

9-15日め 練習問題

力がついたか腕だめし！

1 次の文型と単語を使って韓国語で言いましょう。

「〜は何ですか？」 〜이 어떻게 되세요?
　　　　　　　　　　　イ　オットッケ　ドェセヨ

(1) お名前は何ですか？　＊「名前」 이름
　　　　　　　　　　　　　　　　　イルム

(2) 職業は何ですか？　＊「職業」 직업
　　　　　　　　　　　　　　　　チゴプ

2 次の日本語に対応するように、（　）に入る韓国語を①〜④の中から選びましょう。

(1) これは何ですか？
　　（　　）이 무엇이에요?
　　　　　　イ　ムオシエヨ

(2) トイレはどこですか？
　　화장실이 （　　）예요?
　　ファジャンシリ　　　イェヨ

①그것　　②이것　　③어디　　④저것
　クゴッ　　　イゴッ　　　オディ　　　チョゴッ

116

3 次の日本語に対応するように、(　) に入る韓国語を①〜④の中から選びましょう。

(1) これはいくらですか？

　　이거 (　　) ?

(2) 2万ウォンです。

　　(　　) 이에요.

①이만 원　②삼만 원　③얼마예요　④사만 원

4 次の韓国語を日本語に訳しましょう。

(1) 한국 요리를 좋아하세요?

(2) 영화를 보고 싶어요.

(3) 안 가요.

9-15日め 解答解説

> まちがえたら見直そう！

1 「～は何ですか？」を使って相手のことをもっと知りましょう。

(1) **이름이 어떻게 되세요?**（お名前は何ですか？）
　　_{イルミ オットッケ ドェセヨ}

「**무엇입니까?**（何ですか？）」と聞くよりは、もう少していねいな聞き方なので使ってみましょう。

(2) **직업이 어떻게 되세요?**（職業は何ですか？）
　　_{チゴビ オットッケ ドェセヨ}

직업に**이**がつき、「チゴビ」という発音になります。

2 ①**그것**は「それ」、②**이것**は「これ」、③**어디**は「どこ」、④**저것**は「あれ」です。

(1) (②**이것**) **이 무엇이에요?**（これは何ですか？）
　　　　_{イゴ シムオシエヨ}

初めて話題にあがるものには、「～が」にあたる助詞**이/가**を使います。直訳すると、「これが何ですか？」という言い方になります。

(2) **화장실이** (③**어디**) **예요?**（トイレはどこですか？）
　　_{ファジャンシリ}　　　　_{オディ イェヨ}

「**역이 어디예요?**（駅はどこですか？）」「**호텔이 어디예요?**（ホテルはどこですか？）」など、使用頻度の高いフレーズです。

9-15日め 練習問題

3 ②삼만 원は「3万ウォン」、④사만 원は「4万ウォン」です。
　　　サムマ ヌォン　　　　　　　　　サ マ ヌォン

(1) 이거 (③얼마예요)？（これはいくらですか？）
　　イ ゴ　　オル マ イェ ヨ

　　店員さんから近いものを指すときには、「그거（それは）」です。
　　　　　　　　　　　　　　　　　　　ク ゴ

(2) (①이만 원) 이에요．（2万ウォンです）
　　　 イ マ ヌォ ニ エ ヨ

　　이만は子音のnで終わっているので、次にくる원に連音して、
　　　イマン　　　　　　　　　　　　　　　　　　　ウォン
　　「イマヌォン」という発音になります。

4 「~을/를 좋아하세요？（~がお好きですか？）」「~고 싶어요
　　　ウル ルル チョア ハ セヨ　　　　　　　　　　　　　　　コ シッポ ヨ
　（~したいです）」「안 ~（~しません）」を覚えましょう。
　　　　　　　　　　　アン

(1) 韓国料理がお好きですか？　(2) 映画が見たいです。
(3) 行きません。

表現のまとめ

・잘 지내셨어요？（お元気でしたか？）⇒ 9日め参照。
　チャル チ ネ ショッソ ヨ

・~ 어떻게 되세요？（~何ですか？）⇒ 10日め参照。
　　　オットッケ ドェ セ ヨ

・이것이 무엇이에요？（これは何ですか？）⇒ 11日め参照。
　イ ゴ シ ム オ シ エ ヨ

・이거 얼마예요？（これはいくらですか？）⇒ 12日め参照。
　イ ゴ オル マ イェ ヨ

・화장실이 어디예요？（トイレはどこですか？）⇒ 13日め参照。
　ファジャンシ リ オ ディ イェ ヨ

・~고 싶어요？（~したいですか？）⇒ 14日め参照。
　　コ シッポ ヨ

・~을/를 좋아하세요？（~がお好きですか？）⇒ 15日め参照。
　　ウル ルル チョア ハ セ ヨ

119

理由・方法を聞く

16日め どうやって食べますか？

方法や手段、理由を聞く表現を覚えましょう。

今日の例文

ケンタロウ

どうやって食べますか？
<ruby>オットッケ モゴ ヨ</ruby>
어떻게 먹어요?
どのように　食べますか

ヨンミ

コチュジャンを入れてよく混ぜて食べてください。
コ チュジャンウル ノッコ チャル ビビョソ ドゥセヨ
고추장을 넣고 잘 비벼서 드세요.
コチュジャン　を　入れて　よく　混ぜて　召し上がってください

発音のつぼ

- **고추장을**は、고추장の「ン」(ng)と을をつなげるところは、鼻にかかるように言ってください。（コ チュジャンウル／コ チュジャン／ウル）
- **넣고**は、「ノ」の後に舌の奥に力を入れる感じで詰まらせ、「ノッコ」と発音します。（ノッコ）
- **비벼서**の비はカタカナでは表現しにくい音です。日本人には「ピ」に聞こえますが、実際は「ビ」に近い「ピ」で、微妙に音が濁ります。（ビビョソ／ピ）

> 16日め　どうやって食べますか？

1 理由を聞く表現

왜(ウェ)は、理由をたずねるときの「なぜ、どうして、なんで～」の意味になります。答え方は「～거든요(ゴドゥンニョ)（～ですからね）」となります。

なぜ食べないのですか？

<ウェ アン ドゥセヨ>
왜 안 드세요 ?
<なぜ　ない　召し上がりますか>

かしこまったていねい形 <ウェ アン ドゥシムニッカ>
ハムニダ体 왜 안 드십니까 ?

お腹がいっぱいですからね。

<ペガ プル ゴドゥンニョ>
배가 부르거든요 .
<お腹　が　いっぱいですからね>

● ひとことメモ ●
「～거든요(ゴドゥンニョ)（～ですからね）」という表現には、ハムニダ体はありません。

なぜ遅れたのですか？

<ウェ ヌ ジョッソ ヨ>
왜 늦었어요 ?
<なぜ　遅れたのですか>

かしこまったていねい形 <ウェ ヌ ジョッスムニッ カ>
ハムニダ体 왜 늦었습니까 ?

バスが遅れてきましたからね。

<ボス ガ ヌッケ ワッ コドゥンニョ>
버스가 늦게 왔거든요 .
<バス　が　遅れて　きましたからね>

2 方法を聞く表現

　ここでは移動手段について聞く表現を覚えましょう。一緒に乗り物の単語も練習しましょう。

ここまでどうやって来ましたか？

ヨ ギッカ ジ　オットッケ　ワッソ ヨ
여기까지 어떻게 왔어요 ?

| ここまで | どのように | 来ましたか |

バスに乗って来ました。

ボスルル　タ ゴ　ワッソ ヨ
버스를 타고 왔어요.

| バス | を | 乗って | 来ました |

●ひとことメモ●

「〜に乗る」という場合、助詞は「을/를（を）」を使います。

電車に乗って来ました。

チョン チョル　ウル　タ　ゴ　ワッソ　ヨ
전철을 타고 왔어요.

| 電車 | を | 乗って | 来ました |

●ひとことメモ●

전철は子音で終わる単語なので、助詞は을を使います（P111参照）。

入れ替え！

会話が広がる入れ替え単語

※は、助詞の를を使う単語です。

タクシー	テク シ **택시**	地下鉄	チ ハチョル **지하철**
飛行機	ピヘン ギ **비행기**	船	ペ **배**

> 16日め　どうやって食べますか？

3 方法、手段をたずねる

「どうやって行けばいいのか？」「どうすればいいのか？」を聞けると、いろいろなことができるようになります。韓国人は気軽に道をたずねるので、こちらからも気軽にたずねてみましょう。

ロッテデパートまでどうやって行けばいいですか？

ロッテ　ベクァジョムッカジ　オットッケ　ガミョンドェムニッカ
롯데백화점까지 어떻게 가면 됩니까？

| ロッテ | 百貨店 | まで | どのように | 行けば | いいですか |

● ひとことメモ ●
通りすがりの人に道をたずねる際には、かしこまった言い方（ハムニダ体）を使いましょう。

ここからはバスもあるし、地下鉄もあります。

ヨギエソヌン　ボスド　イッコ　チハチョルド　イッスムニダ
여기에서는 버스도 있고 지하철도 있습니다．

| ここ | から | は | バス | も | あるし | 地下鉄 | も | あります |

予約はどうすればいいですか？

イェヤグン　オットッケ　ハミョンドェヨ
예약은 어떻게 하면 돼요？

| 予約 | は | どのように | したら | できますか |

ハムニダ体で言うと
イェヤグン　オットッケ　ハミョンドェムニッカ
예약은 어떻게 하면 됩니까？

インターネットでもできます。

イントネスロド　ドェヨ
인터넷으로도 돼요．

かしこまったていねい形　ハムニダ体
イントネスロド　ドェムニダ
인터넷으로도 됩니다．

| インターネット | でも | できます |

理由・方法を聞く　16

123

●● 「理由・方法を聞く」のおさらい ●●

I 次の疑問文の（　）には同じ言葉が入ります。下の①～③の中から選びましょう。

(1) どうやって食べますか？

（　）먹어요？
<small>モ ゴ ヨ</small>

(2) ロッテデパートまでどうやって行けばいいですか？

롯데백화점까지（　）가면 됩니까？
<small>ロッテ ペ カ ジョムッカ ジ　　　ガミョンドェムニッカ</small>

(3) 予約はどうすればいいですか？

예약은（　）하면 돼요？
<small>イェヤ グン　　　ハミョン ドェ ヨ</small>

①왜　　②어떻게　　③무엇
<small>　ウェ　　　　オットッケ　　　　ム オッ</small>

II 次の日本語にふさわしい韓国語を線で結びましょう。

(1) バス　　・　　　・택시
<small>　　　　　　　　　　テク シ</small>

(2) タクシー　・　　　・비행기
<small>　　　　　　　　　　ピヘンギ</small>

(3) 地下鉄　・　　　・버스
<small>　　　　　　　　　　ポス</small>

(4) 飛行機　・　　　・지하철
<small>　　　　　　　　　　チ ハチョル</small>

16日め どうやって食べますか？

答えと解説

I 「어떻게（どうやって）」の使い方を理解しましょう。

(1) （②어떻게) 먹어요？
　①왜は「なぜ」、③무엇は「何」です。

(2) 롯데백화점까지（②어떻게) 가면 됩니까?
　어떻게 가면で「どうやって行けば」になります。

(3) 예약은（②어떻게) 하면 돼요?
　어떻게 하면で「どうやってすれば」になります。

II 乗り物の名前を覚えたか確認しましょう。

(1) バス　버스　　　　(2) タクシー　택시

(3) 地下鉄　지하철　　(4) 飛行機　비행기

🇰🇷 **韓国まめ知識**

　韓国では複数の路線が止まるバス停では、バスがバス停の前に止まることもままならない場所が多くあります。同時に何台かのバスが到着したときなどは、停車位置が数台分離れてしまうこともあるので、乗りたいバスの番号を見つけたら、バスに向かって走らないと間に合わないこともあります。そのため、バス停には何番バスが今どこで何分後に到着予定かが表示されています。

理由・方法を聞く　16

17日め お誘いする
ミョンドンに行きませんか？

「〜しませんか？」というお誘いの表現を覚えましょう。

今日の例文

マユミ
ミョンドンに行きませんか？
ミョンドン エ アン ガ シ ゲッソ ヨ
명동에 안 가시겠어요？
　ミョンドン　に　ない　　　行かれますか

ジュンス
いいですね。一緒に行きましょう。
チョア ヨ　　カッチ　カプシダ
좋아요. 같이 갑시다.
　いいですね　　一緒に　　行きましょう

発音のつぼ

- 안の「ン」は「n」の音なので、そのまま読めば大丈夫。カタカナ読みで通じます。
- 가시겠어요の시は、日本語の「シ」よりも口を少し横に開いて発音します。
- 갑시다の「プ」は子音の「p」です。「プ（pu）」を途中で口をふさいで、止める感じで発音してみてください。

17日め　ミョンドンに行きませんか？

1 「～しませんか？」と勧誘する表現

「안（～しない）」「못（～できない）」を動詞の前につけると否定と不可能の表現になります。そして否定文の語尾を上げて発音すると、否定疑問文になります。不可能表現も同様で、語尾を上げて発音すれば「できませんか？」と問う疑問文になります。

カムジャタンを食べませんか？

カムジャタン アン ドゥ シゲッソ ヨ
감자탕 안 드시겠어요？　[ハムニダ体] カムジャタン アン ドゥ シ ゲッスム ニッカ **감자탕 안 드시겠습니까？**
カムジャタン　ない　召し上がりますか

ごめんなさい。肉は食べられません。

ミ アネ ヨ　コ ギ モン モ ゴ ヨ
미안해요. 고기 못 먹어요.　[ハムニダ体] ミ アナム ニ ダ　コ ギ モン モクスム ニ ダ **미안합니다. 고기 못 먹습니다.**
ごめんなさい　肉　できない　食べます

映画を見ませんか？

ヨンファ アン ボ シ ゲッソ ヨ
영화 안 보시겠어요？　[ハムニダ体] ヨンファ アン ボ シ ゲッスム ニッカ **영화 안 보시겠습니까？**
映画　ない　見られますか

見ましょう。

ヴァ ヨ
봐요.
見ましょう

かしこまった、ていねいな言い方だと

ポ シ ダ
봅시다. 見ましょう。

※これはハムニダ体ではありません。

2 「~しましょう」と提案する表現

「~しましょう」と提案する表現も練習しましょう。

◆うちとけたていねいな言い方（ヘヨ体）の場合

行きましょう。
カ ヨ
가요.
行きましょう

食べましょう。
モ ゴ ヨ
먹어요.
食べましょう

会いましょう。
マンナ ヨ
만나요.
会いましょう

◆かしこまったていねいな言い方の場合

「읍시다 / ㅂ시다（~しましょう）」を使います。
ウプ シ ダ　プ シ ダ

行きましょう。
カプ シ ダ
갑시다.
行きましょう

食べましょう。
モグプ シ ダ
먹읍시다.
食べましょう

会いましょう。
マンナプ シ ダ
만납시다.
会いましょう

3 「~しましょうか」と勧誘する表現

今度は否定疑問文ではない、お誘いの表現を覚えましょう。

明日会いましょうか。
ネ イル　マン ナルッカ ヨ
내일 만날까요?
明日　　会いましょうか

> **17日め** ミョンドンに行きませんか？

明日は会えません。あさって会いましょう。

<ruby>내일<rt>ネイル</rt></ruby> <ruby>만나지<rt>マンナジ</rt></ruby> <ruby>맙시다<rt>マプシダ</rt></ruby>. <ruby>모레<rt>モレ</rt></ruby> <ruby>만납시다<rt>マンナプシダ</rt></ruby>.

明日　会うのを　やめましょう　あさって　会いましょう

4 お誘いに対しての返事

お誘いに対してのいろいろな答え方を覚えましょう。

そうしましょう。

<ruby>그래요<rt>クレヨ</rt></ruby>.

そうしましょう

（そうするのを）やめましょう。

<ruby>그러지<rt>クロジ</rt></ruby> <ruby>마요<rt>マヨ</rt></ruby>.

そうするのを　やめましょう

もちろん！　いいですね。

<ruby>물론<rt>ムルロン</rt></ruby>！ <ruby>좋아요<rt>チョアヨ</rt></ruby>.

もちろん　　いいですね

ごめんなさい。ダメです。

<ruby>미안해요<rt>ミアネヨ</rt></ruby>. <ruby>안 되겠어요<rt>アン ドェゲッソヨ</rt></ruby>.

ごめんなさい　　ない　　できます

お誘いする　17

ワンポイント <ruby>읍시다<rt>ウプシダ</rt></ruby>と<ruby>ㅂ시다<rt>プシダ</rt></ruby>の使い分け

　ここまで勉強してきたなかで、ときどき「パッチム」という言葉が出てきましたね。これは単語の終わりにつく子音のことで、韓国語では単語にパッチムがあるかないかで、次につなげる助詞や接尾語を使い分けます。

　「<ruby>읍시다<rt>ウプシダ</rt></ruby> / <ruby>ㅂ시다<rt>プシダ</rt></ruby>（〜しましょう）」の場合、前につく単語にパッチムがあれば<ruby>읍시다<rt>ウプシダ</rt></ruby>、なければ<ruby>ㅂ시다<rt>プシダ</rt></ruby>をつなげます。

129

「お誘いする」のおさらい

I 次の日本語に対応するように、（　）に入る韓国語を選びましょう。

(1) ミョンドンに行きませんか？
　　명동에 안（　　　　　）?

(2) カムジャタンを食べませんか？
　　감자탕 안（　　　　　）?

　　드시겠어요　　가시겠어요　　보시겠어요

II 次の韓国語にふさわしい日本語を線で結びましょう。

(1) 갑시다．　・　　　　・ 会いましょう。

(2) 먹읍시다．　・　　　　・ 行きましょう。

(3) 만납시다．　・　　　　・ 食べましょう。

130

17日め ミョンドンに行きませんか？

答えと解説

I 「〜しませんか？」というフレーズを覚えましょう。

(1) 명동에 안 (가시겠어요)?
　　ミョンドン エ アン　ガ シ ゲッソ ヨ

　안をつけずに、가시겠어요？なら「行きますか？」になります。

(2) 감자탕 안 (드시겠어요)?
　　カムジャタン アン　ドゥ シ ゲッソ ヨ

　안をつけずに、드시겠어요？なら「食べますか？」になります。
　보시겠어요？は「見ますか？」です。

II 「〜しましょう」のかしこまった、ていねいな言い方を覚えましょう。

(1) 갑시다.　行きましょう。
　　カプ シ ダ

(2) 먹읍시다.　食べましょう。
　　モ グプ シ ダ

(3) 만납시다.　会いましょう。
　　マンナプ シ ダ

韓国まめ知識

　韓国人は友人などと飲み会をするときには、最後まで徹底的につき合います。日本人のように、断わるのもなんだから、つき合いでちょっとだけ参加、ということはあまりありません。

　韓国人は「1時間しか出席しないのなら、出席しなくてもいいのに」という人が多いと思います。断わるときは、はっきり断わる、つき合うなら、とことんつき合う、これが韓国流です。

131

18日め 買い物する
コートありますか？

買い物のときなどに便利なフレーズを覚えましょう。

今日の例文

ケンタロウ

コートありますか？
<ruby>코트<rt>コトゥ</rt></ruby> <ruby>있어요<rt>イッソヨ</rt></ruby>？
　コート　　　ありますか

女性店員

はい、あります。こちらにどうぞ。
<ruby>네<rt>ネ</rt></ruby>, <ruby>있어요<rt>イッソヨ</rt></ruby>. <ruby>이쪽으로<rt>イッチョグロ</rt></ruby> <ruby>오세요<rt>オセヨ</rt></ruby>.
　はい　　あります　　　　こちらへ　　　来てください

発音のつぼ

● 코트は、「コートゥ」と伸ばして発音はしません。「コトゥ」と伸ばさないで言ってみましょう。

● 있어요？は疑問文なので、「イッソヨ⤴？」と語尾を上げて言いましょう。答えるときは、平坦なイントネーションで、「イッソヨ→」「イッスムニダ→」です。

● 이쪽으로は、쪽のところに少しアクセントをつけて発音します。

132

18日め　コートありますか？

1 「ありますか？」と聞く表現

いろいろな場面で、「있습니까？（ありますか）」または「있어요？（ありますか）」という表現が使えます。

何が一番人気ですか？

뭐가 제일 인기 있어요？　<ハムニダ体>뭐가 제일 인기 있습니까？
ムォガ チェイル インキ イッソヨ　　　ムォガ チェイル インキ イッスムニッカ

何　が　一番　人気　ありますか

このカバンが一番売れています。

이 가방이 제일 잘 팔려요．　<ハムニダ体>이 가방이 제일 잘 팝니다．
イ ガバニ チェイル チャル パルリョヨ　　イ ガバニ チェイル チャル パルリムニダ

この　カバン　が　一番　よく　売れます

何が一番おいしいですか？

뭐가 제일 맛있어요？　<ハムニダ体>뭐가 제일 맛있습니까？
ムォガ チェイル マシッソヨ　　　ムォガ チェイル マシッスムニッカ

何　が　一番　味　ありますか

サムゲタンがお勧めです。

삼계탕을 잘해요．　<ハムニダ体>삼계탕을 잘합니다．
サムゲタンウル チャレヨ　　サムゲタンウル チャラムニダ

サムゲタン　を　上手です

● ひとことメモ ●

料理などのお勧めを言う際、「～を上手です」という表現になります。

買い物する　18

133

2 いろいろな色の表現を覚えよう

いろいろな色の名前を覚えて、買い物などの際に色について聞けるようになりましょう。

このカバンで違う色はありますか？

イ ガ バン ウ ロ タルン セヶ カルン イッ ソ ヨ
이 가방으로 다른 색깔은 있어요？

| この | カバン | で | 違う | 色 | は | ありますか |

はい、黒と赤があります。

ネ コ ムン セヶ カ ゴ パルガン セ ギ イッ ソ ヨ
네, 검은색하고 빨간색이 있어요．

| はい | 黒の | 色 | と | 赤の | 色 | が | あります |

いろいろな色を表す単語

白	ハヤンセヶ **하얀색**	黒	コムンセヶ **검은색**
赤	パルガンセヶ **빨간색**	緑	チョロヶセヶ **초록색**
黄色	ノランセヶ **노란색**	紫	ボラセヶ **보라색**
青	パランセヶ **파란색**	茶色	カルセヶ **갈색**

18日め　コートありますか？

3 買い物で使える表現

買い物でお店の人に対して使えそうなフレーズです。覚えてどんどん使ってみましょう。

まけてください。

カッカ　ジュセヨ
깎아 주세요．

| 削って | ください |

少し安くしてください。

チョム　サゲ　ヘ　ジュセヨ
좀 싸게 해 주세요．

| 少し | 安く | して | ください |

交換できますか？

キョファンドェヨ
교환 돼요？

| 交換 | できますか |

別々に包んでください。

タロ　ッタロ　サ　ジュセヨ
따로 따로 싸 주세요．

| 別 | 別 | 包んで | ください |

これより大きいサイズはありますか？

イゴッポダ　クン　サイズ　イッソヨ
이것보다 큰 사이즈 있어요？

| これ | より | 大きい | サイズ | ありますか |

● ひとことメモ ●

「小さいサイズ」は、
チャグンサイズ
작은 사이즈です。

ワンポイント　お店の人と話すときには…

韓国語には、うちとけた「ヘヨ体」とかしこまった「ハムニダ体」、2つのていねい形があります。初対面の人や目上の人には「ハムニダ体」で話すのが適当なのですが、それではお店の人と話す場合にはどちらを使えばよいのか？

一般的に言えば、店員さんが自分よりも明らかに年上ならば「ハムニダ体」、自分とほぼ同年輩や、年下ならば「ヘヨ体」で話すのがよいでしょう。

「買い物する」のおさらい

I 次の会話文の日本語訳を書きましょう。

(1) ^{コトゥ イッソ ヨ}
　　코트 있어요?
　　(　　　　　　　　　　　　　　)

(2) ^{ネ イッソ ヨ}
　　네, 있어요.
　　(　　　　　　　　　　　　　　)

II 買い物に使える表現としてふさわしいものに○、ふさわしくないものに×をつけましょう。

(1) (　　) ^{カッカ ジュセ ヨ}
　　　　　깎아 주세요.

(2) (　　) ^{ネイル マンナルッカ ヨ}
　　　　　내일 만날까요?

(3) (　　) ^{チョム サゲ ヘ ジュセ ヨ}
　　　　　좀 싸게 해 주세요.

18日め　コートありますか？

答えと解説

I　お店での店員さんとのやりとりです。

(1) **コートありますか？**

　コトゥ　　　　イッソヨ
　코트は「コート」、있어요は「あります」です。語尾を上げて言うと疑問文になります。

(2) **はい、あります。**

　　　　　　　　　　　アニョ　オプソヨ
　ない場合の答えは、「아니요, 없어요（いいえ、ありません）」です。

II　安くしてもらうフレーズの確認です。

　　　　　　　カッカ　ジュセヨ
(1) （ ○ ）　깎아 주세요．**「まけてください」**

　　　　　　　ネイル　マンナルッカヨ
(2) （ × ）　내일 만날까요？　**「明日会いましょうか」**

　　　　　　　チョム　サゲ　ヘ　ジュセヨ
(3) （ ○ ）　좀 싸게 해 주세요．**「少し安くしてください」**

🇰🇷 韓国まめ知識

「ハムニダ体」「ヘヨ体」というものがあるのはわかりましたか？わかったら今度はどう使い分けたらいいのか迷うかもしれませんね。
　　　　　　　　　　　　　　　　　コマウォヨ
お店のおじさんに「고마워요（ありがとうございます）」とお礼
　　　　　　　　コマプスムニダ
を言ったら、「고맙습니다でしょ！」と怒られた人がいるそうです。きっと、このお店のおじさんが明らかに年上の人だったのでしょう。お店の人が自分より年上のとき、どちらで言うべきか迷ったときは、ハムニダ体で話すのが無難です。

買い物する　18

19日め 言い方を聞く
これは韓国語で何と言いますか？

知らない韓国語について、聞けるようになりましょう。

今日の例文

マユミ： これは韓国語で何と言いますか？

イ ゴ スン ハングンマル ロ　ムォラ ゴ ハム ニッカ
이것은 한국말로 뭐라고 합니까？
これ　は　　韓国語　　で　　何　　と　　言いますか

ジュンス： それは韓国語で「ポジャギ」と言います。

ク ゴ スン ハングンマル ロ　ポ ジャ ギ ラ ゴ ハム ニ ダ
그것은 한국말로 보자기라고 합니다．
それ　は　　韓国語　　で　　ポジャギ　　と言います

●ひとことメモ●
「ポジャギ」とは、チマチョゴリの端ぎれを縫い合わせて作ったもので、日本のふろしきのように使われている布のことです。

発音のつぼ

- 한국の「ㄱ」はｋの子音です。「ハング」の後に舌の奥に力を入れる感じで詰まらせて発音します。（ハングㇰ）
- このｋの子音は、次にｍの音が続くとng（ン）に変化します。한국（ハングㇰ）＋말（マル）＝한국말（ハングンマル）となるわけです。これを音変化といいます。
- 말로（マルロ）は、舌を丸めるようにして子音の「ル（ｌの子音）」と「ロ」をうまくつなげて言ってみましょう。

19日め これは韓国語で何と言いますか？

1 韓国語で何と言うかを聞く表現

「한국말로 뭐라고 합니까？（韓国語で何と言いますか？）」を使って、覚えたい単語を聞き出してみましょう。

あれは韓国語で何と言いますか？

저것은 한국말로 뭐라고 합니까？
<ruby>チョゴスン ハングンマルロ ムォラゴ ハムニッカ</ruby>
あれ は 韓国語 で 何 と 言いますか

● ひとことメモ ●
합니까の前の「말（言葉）」という単語が省略されています。

あれは韓国語で「トッポッキ」と言います。

저것은 한국말로 떡볶이라고 합니다．
チョゴスン ハングンマルロ トクポッキラゴ ハムニダ
あれ は 韓国語 で トッポッキ と 言います

● ひとことメモ ●
「トッポッキ」は、韓国のお餅を甘辛く炒めたものです。

桜は韓国語でなんと言いますか？

사쿠라는 한국말로 뭐라고 합니까？
サクラヌン ハングンマルロ ムォラゴ ハムニッカ
桜 は 韓国語 で 何 と 言いますか

韓国語で「ポッコッ」と言います。

한국말로 벚꽃이라고 합니다．
ハングンマルロ ポッコッチラゴ ハムニダ
韓国語 で ポッコッ と 言います

벚꽃
↑
これがパッチム。これはㅌの子音を表します。

「라고（〜と）」は前の単語にパッチムがあると、이라고になります。

139

2 チマチョゴリのパーツの名前を覚えよう

「これは何と言いますか？」とたずねて、いろいろな言葉を覚えましょう。ここでは、チマチョゴリについて少し紹介します。

これは何と言いますか？

イ ゴスン ムォラ ゴ ハム ニッカ
이것은 뭐라고 합니까？

| これ | は | 何 | と | 言いますか |

それは韓服（ハンボク）です。

ク ゴスン ハン ボギムニ ダ
그것은 한복입니다．

| それ | は | 韓服 | です |

● ひとことメモ ●
「チマチョゴリ」は正しくは、
「한복（韓服）」といいます。
(ハンボク)

チマチョゴリのパーツの名前

チマ（スカート）	チマ **치마**
チョゴリ（上衣）	チョゴリ **저고리**
ノリゲ（アクセサリー）	ノリゲ **노리개**
靴	コッシン **꽃신**

- チョゴリ 저고리
- ノリゲ 노리개
- チマ 치마
- コッシン 꽃신

19日め これは韓国語で何と言いますか？

3 もう一度確認したいときの表現

韓国語を教えてもらうことができたら、聞き取れなくて困ったときに使うフレーズを覚えましょう。

もう一度言ってください。
ハンボン ド マ レ ジュセヨ
한번 더 말해 주세요.
一回　もっと　言って　ください

> アルゲッスムニダ
> 알겠습니다.
> わかりました。

ゆっくり言ってください。
チョンチョニ マ レ ジュセヨ
천천히 말해 주세요.
ゆっくり　言って　ください

> チャル モルゲッスムニダ
> 잘 모르겠습니다.
> よくわかりません。

ここに書いてください。
ヨ ギ エ ソ ジュセヨ
여기에 써 주세요.
ここ　に　書いて　ください

ワンポイント 「チマチョゴリ」では通じない？

おなじみの「チマチョゴリ」ですが、韓国で치마저고리(チマチョゴリ)と言っても通じません。「えっ、チマチョゴリって韓国語なんじゃないの？」と思われるかもしれませんが、これはいわば和製韓国語。正しくは、「한복(ハンボッ)(韓服)」と言います。「スカート」を치마(チマ)、「上衣」を저고리(チョゴリ)とは言いますが、치마저고리(チマチョゴリ)とは言わないのです。

言い方を聞く

「言い方を聞く」のおさらい

I 次の日本語に対応するように、（　）に入る韓国語を選びましょう。

(1) これは韓国語で何と言いますか？
　　　イ　ゴスン
　　이것은（　　　　）（　　　　）（　　　　）？

(2) それは韓国語で「ポジャギ」と言います。
　　　ク　ゴスン
　　그것은（　　　　）（　　　　）（　　　　）.

　ハム ニッカ　　ハングンマル ロ　　ハム ニ ダ　　ポジャギ ラ ゴ　　ムォラ ゴ
　합니까　　**한국말로**　　**합니다**　　**보자기라고**　　**뭐라고**

II イラストの各部分を表す韓国語を①〜④の中から選びましょう。

(1) (　　　　)

(2) (　　　　)

(3) (　　　　)

(4) (　　　　)

　チマ　　　　コッシン　　　　チョゴリ　　　　ノリゲ
　①**치마**　②**꽃신**　③**저고리**　④**노리개**

答えと解説

Ⅰ 「뭐라고 합니까?（何と言いますか？）」を練習しましょう。

(1) 이것은（한국말로）（뭐라고）（합니까）？
　　뭐라고 합니까? だけで「何と言いますか？」でも使えます。

(2) 그것은（한국말로）（보자기라고）（합니다）．
　　最後を라고 합니다にすると「と言います」になります。

Ⅱ 韓服の名前を確認しましょう。

(1) ③저고리
　　「上衣」。韓服の上衣のことにしか使われません。

(2) ④노리개
　　韓服につけるアクセサリーのことです。

(3) ②꽃신
　　女性が韓服を着るときに履く靴のことです。

(4) ①치마
　　「スカート」。洋服のスカートも치마と言います。

🇰🇷 韓国まめ知識

　本来노리개は、韓服の飾りとして使われていたものですが、今では壁に飾ったりタンスの取っ手に飾ったりもします。

　韓服の端ぎれをパッチワークのように縫い合わせて、ふろしきを作ったのが보자기です。今ではポーチや巾着などいろいろな用途に加工され、韓国みやげの代表になっています。

時間を聞く

20日め 今何時ですか？

数字を覚えて、時間を聞けるようになりましょう。

今日の例文

ケンタロウ

今何時ですか？
チ グム ミョッ シ イェ ヨ
지금 몇 시예요?
今　　何　　時　　ですか

ヨンミ

1時20分です。
ハン シ イ シㇷ゚ プ ニ エ ヨ
한 시 이십 분이에요.
1　時　20　　分　　です

発音のつぼ

- チ グム
지금は、「チグン」に聞こえるかもしれませんが、この「ン」はmの音です。「ム」を途中で止める感じで、口を閉じて発音します。
- ミョッ
몇は、「ミョッ」と最後を「ッ」としっかり詰まらせるようにしましょう。「ミョ」と言うと通じません。
- 数字の「2」にあたる**이**は、ほんの少し伸ばして「イィ」と言うような気持ちで言ってみてください。

20日め　今何時ですか？

1 時間を聞く表現

時間をたずねるフレーズを使ってみましょう。時間を聞き取るのは難しいかもしれませんが、19日めで覚えた「한번 더 말해 주세요（もう一度言ってください）」などを使って、がんばって聞き取ってみましょう。

この飛行機は何時に出発しますか？

이 비행기는 몇 시에 출발해요?
(イ ビ ヘンギ ヌン ミョッ シ エ チュルバレ ヨ)

この　飛行機　は　何　時　に　出発しますか

12時半に出発します。

열두 시 반에 출발해요.
(ヨルトゥ シ バ ネ チュルバレ ヨ)

12　時　半　に　出発します

韓国語の授業は何時から何時までですか？

한국어 수업은 몇 시부터 몇 시까지예요?
(ハング ゴ ス オブン ミョッ シ ブ ト ミョッ シッカジ イェヨ)

韓国語　授業　は　何　時　から　何　時　まで　ですか

● ひとことメモ ●
「～時」は固有数詞、「～分」は「漢数詞（P94）」を使います。

9時から9時55分までです。

아홉 시부터 아홉 시 오십오 분까지예요.
(アホプ シ ブ ト アホッ シ オ シ ボ ブンッカジ イェヨ)

9　時　から　9　時　55　分　まで　です

145

2 固有数詞

「ひとつ」「ふたつ」にあたるもので、韓国語の固有数詞は、なんと99まで（！）あります。「1、2、3、4、20」は「〜個」「〜枚」などの助数詞がつくと、次のように変わるので注意してください。

1 하나(ハナ) ⇒ 한(ハン)　　2 둘(トゥル) ⇒ 두(トゥ)　　3 셋(セッ) ⇒ 세(セ)

4 넷(ネッ) ⇒ 네(ネ)　　　20 스물(スムル) ⇒ 스무(スム)

1 하나(한) ハナ ハン	2 둘(두) トゥル トゥ	3 셋(세) セッ セ	4 넷(네) ネッ ネ	5 다섯 タソッ
6 여섯 ヨソッ	7 일곱 イルゴプ	8 여덟 ヨドル	9 아홉 アホプ	10 열 ヨル
20 스물(스무) スムル スム	30 서른 ソルン	40 마흔 マフン	50 쉰 シュィン	60 예순 イェスン
70 일흔 イルン	80 여든 ヨドゥン	90 아흔 アフン	99 아흔아홉 アフナホプ	

3 固有数詞で数える助数詞

固有数詞で数える助数詞には、「개（個）」「장（枚）」「잔（杯）」「시（時）」「명（名）」「살（才）」「대（台）」「벌（着）」「분（方）」などがあります。

◆助数詞をつけて数えてみよう

1個 한 개(ハン ゲ)　　2個 두 개(トゥ ゲ)　　3個 세 개(セ ゲ)

4個 네 개(ネ ゲ)　　20個 스무 개(スム ゲ)

20日め 今何時ですか？

おいくつですか？
ナ イヌン オットッケ ドェセヨ
나이는 어떻게 되세요？
年　は　どのように　なりますか

20歳です。
ス ム　サ リ エ ヨ
스무 살이에요．
20　歳　です

はがきは何枚必要ですか？
ヨプソヌン ミョッチャン ピリョハセヨ
엽서는 몇 장 필요하세요？
はがき は 何 枚　必要ですか

4枚ください。
ネ ジャン ジュ セ ヨ
네 장 주세요．
4　枚　ください

何名様ですか？
ミョップ ニ セヨ
몇 분이세요？
何　　名様ですか

● ひとことメモ ●
ミョッ
몇は「何」の意味ですが、数をたずねるときのみ使います。

大人2人と子供1人です。
オ ルン ドゥミョンハゴ　ア イ　ハンミョンイエヨ
어른 두 명하고 아이 한 명이에요．
大人　2　名　と　子供　1　名　です

ワンポイント　漢数詞と固有数詞

漢数詞は漢字の数字「一、二、三、四」にあたるもので、固有数詞は「ひとつ、ふたつ、みっつ、よっつ」にあたるものです。ものを数えるときは、基本的には固有数詞を使いますが、お金、電話番号、年月日など、ごく一部のものは漢数詞を使って数えます。

〔例〕100ウォン　백 원（ペグォン）　1月　일월（イロル）

時間を聞く　20

147

「時間を聞く」のおさらい

I 次の韓国語を日本語に訳しましょう。

(1) 지금 몇 시예요？
　　チ グム ミョッ シ イェ ヨ
　（　　　　　　　　　　　　　　）

(2) 이 비행기는 몇 시에 출발해요？
　　イ ピ ヘンギ ヌン ミョッ シ エ チュルバ レ ヨ
　（　　　　　　　　　　　　　　）

II 次の固有数字に助数詞「개(個)」をつけた形として正しいものを①〜⑤の中から選びましょう。

(1) 하나　　（　　　　）
　　ハ ナ

(2) 둘　　　（　　　　）
　　トゥル

(3) 셋　　　（　　　　）
　　セッ

①셋 개　②두 개　③세 개　④하나 개　⑤한 개
　セッケ　　トゥゲ　　セゲ　　　ハナゲ　　　ハンゲ

148

20日め　今何時ですか？

答 え と 解 説

I 「몇 시（何時）」を使えるようになりましょう。

(1) 今何時ですか？

「몇（何）」は、数字をたずねるときのみ使います。
〔例〕몇 개「何個」　몇 장「何枚」

(2) この飛行機は何時に出発しますか？

時間を表す名詞につく助詞の「～に」は에になります。

II 固有数詞の「1、2、3、4、20」は助数詞がつくと変化します。

(1) ⑤한 개

「개（個）」がつくと、하나が한に変わります。

(2) ②두 개

「개（個）」がつくと、둘が두に変わります。

(3) ③세 개

「개（個）」がつくと、셋が세に変わります。

🇰🇷 韓国まめ知識

　日本語の固有数詞は「とお（10）」までですが、韓国語の固有数詞は、99まであります。この固有数詞は、おもに年齢、個数、枚数など数をカウントするものに使われますが、「時間」の表現は、時を固有数詞で、分を漢数詞で言います。つまり両方を使い分けるので、時間を言う練習をすることは、数詞の勉強法としておすすめです。

21日め この方は誰ですか？

家族について聞く

お互いの家族や友人について紹介する表現を覚えましょう。

今日の例文

マユミ

この方は誰ですか？

イ　ブヌン　ヌグセヨ
이 분은 누구세요？

| この | 方 | は | 誰 | でいらっしゃいますか |

ジュンス

その人は私の父です。

ク　ブヌン　ジェ　アボジセヨ
그 분은 제 아버지세요．

| その | 方 | は | 私の | お父さん | でいらっしゃいます |

発音のつぼ

- ヌグセヨ
누구세요？は、疑問文なので語尾を「ヨ↗？」とあげて発音しましょう。

- ブヌン
분은の「ヌン」は口を横に開いて発音します。

- アボジ
아버지の「ア」はあいうえおの「ア」。「ボ」は「バ」の口の形で「ボ」と発音します（少し口を開き気味にして発音するということです）。最後は「ジ」と濁ります。

21日め　この方は誰ですか？

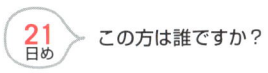

1 写真などを見ながら家族を紹介する表現

　写真などを見ながら、お互いの家族のことを紹介しあえたら楽しいですね。ここでは、家族を紹介する言葉を覚えましょう。

この方がおばあさんですか？

イ　ブニ　ハルモニ　セヨ
이 분이 할머니세요?
この　方　が　おばあさん　でいらっしゃいますか

イ ブニ ヒョンイ セヨ
이 분이 형이세요?
この方がお兄さんですか？

はい、そうです。

ネ　　クレヨ
네, 그래요.
はい　　　そうです

入れ替え！

| 会話が広がる入れ替え単語 | ※パッチムのある単語には 이세요 (イセヨ) が続きます。 |

	アボジ		オモニ
お父さん	아버지	お母さん	어머니
	オンニ		ヌナ
姉（妹から見た姉）	언니	姉（弟から見た姉）	누나
	オッパ		ヒョン*
兄（妹から見た兄）	오빠	兄（弟から見た兄）	형
	ヨドンセン*		ナムドンセン*
妹	여동생	弟	남동생

家族について聞く

151

2 「誰ですか？」と聞く表現

写真などを見ながら、その人が誰なのかを教えてもらう表現を練習しましょう。

さおりさんの隣の人は誰ですか？

サ オ リ　シ ヨプ　サ ラ ムン　ヌ グ イェ ヨ
사오리 씨 옆 사람은 누구예요 ?

| さおり | さん | 隣 | 人 | は | 誰 | ですか |

私の親友です。

ネ　チナン　チング　イェ ヨ
내 친한 친구예요 .

| 私の | 親しい | 友だち | です |

今度の旅行は誰と行きますか？

イ ボン　ヨ ヘン ウン　ヌ グ　ハ ゴ　ガ ヨ
이번 여행은 누구하고 가요 ?

| 今回 | 旅行 | は | 誰 | と | 行きますか |

学校の先輩と一緒に行きます。

ハクキョ　ソンベ　ハ ゴ　カッチ　ガ ヨ
학교 선배하고 같이 가요 .

| 学校 | 先輩 | と | 一緒に | 行きます |

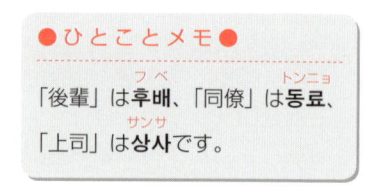

●ひとことメモ●
「後輩」は후배(フベ)、「同僚」は동료(トンニョ)、「上司」は상사(サンサ)です。

> 21日め　この方は誰ですか？

3 家族について聞く表現

家族についてもっと詳しく話してみましょう。

結婚していますか？

キョロ ナショッソ ヨ
결혼하셨어요 ?

｜結婚｜なさいましたか｜

はい、妻と息子と娘がいます。

ネ　ア ネ ワ　ア ドゥル グァ　タ リ　イッ ソ ヨ
네 , 아내와 아들과 딸이 있어요 .

｜はい｜妻｜と｜息子｜と｜娘｜が｜います｜

ご主人は何の仕事をなさっていますか？　　会社員です。

ナムピョヌン ムスン ニラ セヨ　　　　　　フェ サ ウォ ニ エ ヨ
남편은 무슨 일하세요 ?　　　회사원이에요 .

｜ご主人｜は｜何の｜仕事｜なさっていますか｜　　｜会社員｜です｜

ワンポイント　身内の人でも目上ならば尊敬語で紹介する？

韓国では、他人に身内のことを話す場合、父母など年上の身内なら「그 분은 제 아버지세요（この方は私のお父さんでいらっしゃいます）」と尊敬語で表現します。また、会社の上司のことを社外の人に話す場合でも、「社長様はお出かけになられています」というように言います。本人に向かって話すときも、外部に向けて話すときも、主語になる人が目上ならば、つねに敬語を使うのです。

ク　ブヌン ジェ ア ボ ジ セ ヨ

家族について聞く

「家族について聞く」のおさらい

I 次の日本語に対応するように、（　）に入る韓国語を①～③の中から選びましょう。

(1) この方は誰ですか？

（　　　　）누구세요？
　　　　　　　ヌ グ セ ヨ

(2) あの方は誰ですか？

（　　　　）누구세요？
　　　　　　　ヌ グ セ ヨ

①이 분은　　②저 분은　　③그 분은
　イ ブヌン　　チョ ブヌン　　ク ブヌン

II マユミさんが写真で家族を紹介しています。それぞれに対応する韓国語を選びましょう。

(1)（　　）　(2)（　　）

①언니　　②어머니
　オンニ　　オモニ

③할머니　　④아버지
　ハルモニ　　アボジ

⑤남동생　　⑥여동생
　ナムドンセン　ヨドンセン

(3)（　　）

154

21日め この方は誰ですか？

答えと解説

I 이 분은は「この方は」、저 분은は「あの方は」、그 분은は「その方は」です。

(1) ①이 분은———이 분은 누구세요?

相手が明らかに年下の場合は、「누구세요?（誰でいらっしゃいますか？）」が「누구예요?（誰ですか？）」になります。

(2) ②저 분은———저 분은 누구세요?

③그 분은はお互いに知っている人の話の場合に使われる言い方で、日本語の「あの方」にあたる言葉です。

II 家族の言い方を覚えましょう。

(1) ④아버지：「お父さん」という意味です。

(2) ⑤남동생：「弟」という意味です。⑥여동생は「妹」です。

(3) ②어머니：「お母さん」という意味です。①언니は「（妹から見た）姉」、③할머니は「おばあさん」です。

韓国まめ知識

儒教の国、韓国では目上の人をとても敬います。電車やバスでは、お年寄りに席をゆずりますし、重そうな荷物を持って階段を登っているお年寄りを見れば、自然にその荷物を持ってあげます。また目上の人の前でお酒を飲むときは、顔を横に向け口元を手で隠して飲みます。これはドラマでもよく見かけるシーンですよね。

家族について聞く 21

155

22日め　許可を求める
ここで写真を撮ってもいいですか？

写真を撮ってもいいか、確認する表現を覚えましょう。

今日の例文

ケンタロウ：
ここで写真を撮ってもいいですか？
여기서 사진 찍어도 돼요?
ヨギソ　サジン　チゴド　ドェヨ
（ここで　写真　撮っても　いいですか）

女性係員：
はい、大丈夫です。
네, 괜찮아요.
ネ　ケンチャナヨ
（はい　大丈夫です）

発音のつぼ

- 찍어도は、「チゴド」と「チ」にアクセントをつけて言いましょう。
- 괜찮아요の「ケ」は「クェ」に近い音です。「クェンチャナヨ」と発音してください。
- 돼요は、発音する前に前歯の後ろに舌をつけてから言ってみましょう。

22日め ここで写真を撮ってもいいですか？

1 許可を求める表現

「〜してもいいですか？」「〜でもいいですか？」と許可を求めるフレーズを覚えましょう。

このスカート履いてみてもいいですか？

イ スコトゥ イボ ヴァド ドェヨ
이 스커트 입어 봐도 돼요？

この　スカート　着て　みても　いいですか

もちろん、大丈夫です。

ムル ロン ケンチャナ ヨ
물론 괜찮아요．
もちろん　大丈夫です

かしこまった ていねい形　ムル ロン ケンチャンスム ニ ダ
ハムニダ体 물론 괜찮습니다．

カードでもいいですか？

カ ドゥロ ド ドェヨ
카드로도 돼요？
カード　でも　いいですか

かしこまった ていねい形　カ ドゥロ ド ドェム ニッカ
ハムニダ体 카드로도 됩니까？

ごめんなさい。ここでは使えません。

チェソンハム ニ ダ　ヨ ギ ソ ヌン モッ ス セ ヨ
죄송합니다．여기서는 못 쓰세요．
ごめんなさい　ここ　では　できない　使われます

● ひとことメモ ●
「ごめんなさい」と謝る場合、かしこまったていねい形のハムニダ体で言うほうがお詫びの度合いが深まります。

許可を求める

22

2 いろいろな許可を求める表現

「~도 돼요？(~してもいいですか？)」の文型でいろいろなことについて、聞いてみましょう。

ここでタバコを吸ってもいいですか？

여기서 담배 피워도 돼요？
ヨギソ タムベ ピウォド ドェヨ

| ここ | で | タバコ | 吸っても | いいですか |

ここでは、吸ってはいけません。

여기서는 피우면 안 돼요.
ヨギソヌン ピウミョン アン ドェヨ

| ここ | では | 吸ったら | ない | できます |

履いてみてもいいですか？　　いいです。　　だめです。

입어 봐도 돼요？　　돼요.　　안 돼요.
イボ ヴァド ドェヨ　　トェヨ　　アン ドェヨ

| 着て | みても | いいですか |　| できます |　| ない | できます |

入れ替え！

会話が広がる入れ替え単語

| 見ても | 봐도 (ヴァド) | 聞いてみても | 들어 봐도 (トゥロ ヴァド) |
| 食べてみても | 먹어 봐도 (モゴ ヴァド) | 使ってみても | 써 봐도 (ソ ヴァド) |

22日め ここで写真を撮ってもいいですか？

3 「〜してはいけません」の表現

「〜してはいけない」という言葉は聞き取れるようにしておきましょう。理解できたら、「**알겠습니다**（わかりました）」(アルゲッスムニダ) と答えられるといいでしょう。

入ってもいいですか？

トゥロ ガ ド ドェ ヨ
들어가도 돼요?
入って 行っても いいですか

かしこまった ていねい形 [ハムニダ体] トゥロ ガ ド ドェムニッカ
들어가도 됩니까?

入ってはいけません。

トゥロ ガミョンアン ドェ ヨ
들어가면 안 돼요.
入って 行ったら ない できます

かしこまった ていねい形 [ハムニダ体] トゥロ ガミョンアン ドェムニ ダ
들어가면 안 됩니다.

時間を変更してもいいですか？

シガヌル ピョンギョンヘ ド ドェ ヨ
시간을 변경해도 돼요?
時間 を 変更しても いいですか

かしこまった ていねい形 [ハムニダ体] シ ガヌル ピョンギョンヘ ド ドェムニッカ
시간을 변경해도 됩니까?

変更してはいけません。

ピョンギョンハ ミョン アン ドェ ヨ
변경하면 안 돼요.
変更したら ない できます

かしこまった ていねい形 [ハムニダ体] ピョンギョンハ ミョン アン ドェムニ ダ
변경하면 안 됩니다.

許可を求める

22

「許可を求める」のおさらい

I 次の日本語に対応するように、下の単語を並べ替えて文を作りましょう。

(1) 写真を撮ってもいいですか？
（　　　　　）（　　　　　　）（　　　　　　）？

<ruby>돼요<rt>ドェヨ</rt></ruby>　　<ruby>사진<rt>サジン</rt></ruby>　　<ruby>찍어도<rt>チゴド</rt></ruby>

(2) 着てみてもいいですか？
（　　　　　）（　　　　　　）（　　　　　　）？

<ruby>봐도<rt>ヴァド</rt></ruby>　　<ruby>돼요<rt>ドェヨ</rt></ruby>　　<ruby>입어<rt>イボ</rt></ruby>

II 次の日本語にふさわしい韓国語を選びましょう。

(1) いいです。
（　　　　　）．

(2) だめです。
（　　　　　）．

①<ruby>안 돼요<rt>アン ドェヨ</rt></ruby>　　②<ruby>그래요<rt>クレヨ</rt></ruby>　　③<ruby>있어요<rt>イッソ ヨ</rt></ruby>　　④<ruby>돼요<rt>トェヨ</rt></ruby>

22日め ここで写真を撮ってもいいですか？

答えと解説

I 「~도 돼요?」で「~してもいいですか？」となります。

(1) （**사진**）（**찍어도**）（**돼요**）？
　　サジン　　チゴド　　　ドェヨ

ひとつのフレーズとして覚えてしまいましょう。

(2) （**입어**）（**봐도**）（**돼요**）？
　　イボ　　ヴァド　　ドェヨ

靴と靴下は「**신다**（履く）」で、それ以外はすべて「**입다**（着る）」を使います。
　　　　　　シンタ　　　　　　　　　　　　　　　　イプタ

II できるかどうかに対する、もっとも簡単な返事の表現です。

(1) ④**돼요**
　　　トェヨ

語尾を上げて言えば「いいですか？」になります。②**그래요**は「そうです」、③**있어요**は「あります」です。
　　　　　　　　　　　　　　　　　　　　クレヨ　　　　　　　　　　イッソヨ

(2) ①**안 돼요**
　　　アン ドェヨ

語尾を上げて言えば「だめですか？」になります。

🇰🇷 韓国まめ知識

　韓国語と日本語は語順がほぼ一緒ということは気づいていただけたでしょうか？　そのため、日本語の単語を、そのまま韓国語の単語に置き換えれば通じることも多いのです。しかし、なかには違う言い回しで表す言葉もあり、そのまま同じではないものもあります。
　例えば韓国語では、シャツやセーターは「着る」、ズボンやスカートも「着る」と表現し、「履く」と表現するのは、靴と靴下だけです。ほかには、「電話に出る→電話を受ける」「試験を受ける→試験を見る」「薬を飲む→薬を食べる」といった言い方をします。

許可を求める　22

161

16-22日め 練習問題

力がついたか腕だめし！

1 次の日本語に対応するように、（　）に入る韓国語を①〜③の中から選びましょう。

(1) ソウルに行きませんか？
　　서울에 안（　　　）

(2) 映画を見ませんか？
　　영화 안（　　　）

①드시겠어요?　②보시겠어요?　③가시겠어요?

2 次の日本語に対応するように、（　）に入る韓国語を①〜④の中から選びましょう。

(1) コートありますか？
　　（　　）있어요?

(2) はい、あります。黒と白があります。
　　네, 있어요.（　　）하고（　　）이 있어요.

①빨간색　②검은색　③하얀색　④코트

162

16-22日め **練習問題**

3 次の日本語の韓国語訳として適切なものを①～④の中から選びましょう。

(1) 今何時ですか？（　　　）

(2) 2時10分です。（　　　）

①한 시 이십 분이에요．
　ハン シ イシㇷ゚ プニ エヨ

②두 시 십 분이에요．
　トゥ シ シㇷ゚ プニ エヨ

③지금 몇 시예요？
　チグㇺ ミョッ シ イェヨ

④몇 분이세요？
　ミョㇷ゚ プニ セヨ

4 次の韓国語の日本語訳として適切なものを①～③の中から選びましょう。

(1) 사진 찍어도 돼요？
　　サ ジン チ ゴ ド ドェヨ

(2) 한번 더 말해 주세요．
　　ハンボン ド マ レ ジュセヨ

①タバコを吸ってもいいですか？

②もう一度言ってください。

③写真を撮ってもいいですか？

163

16-22日め 解答解説

まちがえたら見直そう！

1 ①드시겠어요？は「食べますか？」、②보시겠어요？は「見ますか？」、③가시겠어요？は「行きますか？」です。

(1) 서울에 안 (③가시겠어요？)（ソウルに行きませんか？）
서울のㄹは子音のlです。次にくる에と連音して、発音は「ソウレ」となります。

(2) 영화 안 (②보시겠어요？)（映画を見ませんか？）
「〜しませんか」で、日本語と違うところは否定の「안（ない）」が先にくるところです。

2 色を表す単語を覚えましょう。

(1) (④코트) 있어요？（コートありますか？）
있어요？の前にいろいろな単語を入れて「〜ありますか？」と聞いてみましょう。

(2) 네, 있어요. (②검은색) 하고 (③하얀색) 이 있어요.
（はい、あります。黒と白があります）
①빨간색は「赤」、②검은색は「黒」、③하얀색は「白」です。

164

16−22日め **練習問題**

3 時間の聞き方、答え方を覚えましょう。

(1) ③지금 몇 시예요？（今何時ですか？）
　　（チ グム ミョッ シ イェ ヨ）
　　몇は数を尋ねるときに使う疑問詞です。

(2) ②두 시 십 분이에요．（2時10分です）
　　（トゥ シ シㇷ゚ プ ニ エ ヨ）
　　「ふたつ」は둘ですが、助数詞がくると두に変わります。
　　①한 시 이십 분이에요．は「1時20分です」、④몇 분이세요？
　　（ハン シ イシㇷ゚ プ ニ エ ヨ）　　　　　　　　　（ミョッ プ ニ セ ヨ）
　　は「何名様ですか？」です。

4 許可を得るフレーズ、お願いするフレーズを練習しましょう。

(1) ③写真を撮ってもいいですか？（사진 찍어도 돼요？）
　　　　　　　　　　　　　　　　（サジン チゴ ド ドェヨ）

(2) ②もう一度言ってください。（한번 더 말해 주세요）
　　　　　　　　　　　　　　　（ハンボン ド マ レ ジュ セ ヨ）

表現のまとめ

・어떻게 먹어요？（どうやって食べますか？）⇒ 16日め参照。
　（オットッケ モ ゴ ヨ）
・안 가시겠어요？（行きませんか？）⇒ 17日め参照。
　（アン ガ シ ゲッソ ヨ）
・～ 있어요？（～ありますか？）⇒ 18日め参照。
　　　（イッソ ヨ）
・뭐라고 합니까？（何と言いますか？）⇒ 19日め参照。
　（ムォラ ゴ ハㇺ ニッカ）
・지금 몇 시예요？（今何時ですか？）⇒ 20日め参照。
　（チ グム ミョッ シ イェ ヨ）
・이 분은 누구세요？（この方は誰ですか？）⇒ 21日め参照。
　（イ ブヌン ヌ グ セ ヨ）
・사진 찍어도 돼요？（写真を撮ってもいいですか？）⇒ 22日め参照。
　（サジン チゴ ド ドェヨ）

165

コラム

満1歳の誕生日会、돌잔치

　韓国には家族・親せきが集まる行事が多いのですが、その中のひとつ、「돌잔치（満1年の祝祭）」と呼ばれる誕生日会を紹介したいと思います。돌잔치では、子どもの満1歳のお祝いと将来の幸せを願って、親せきや友人、さらに会社の同僚など、たくさんの人を呼んで、パーティーを開きます。昔は自宅に親せきを集めて行っていたようですが、今ではホテルなどの会場を使って、結婚式の披露宴のように盛大に行うことが多くなりました。

　内容は1年間の成長の報告や両親のあいさつなど、それぞれの家庭で趣向を凝らして企画します。中でもみんなが楽しみにしているのが、돌잡이。いくつかのものを赤ちゃんの前に置いて、手につかんだものによってその子の将来を占うものです。

　赤ちゃんの前に並べるのは、鉛筆やお米、糸、お金など。鉛筆は「勉強ができるようになる」、お米は「食べ物に困らない」、糸は「長生きする」、お金は「お金に困らない」という意味をもっています。最近では親の願いを込めたものを並べることも多く、何を並べるかも楽しみのひとつです。例えば、「プロゴルファーになってほしい」のでゴルフボール、「歯医者さんになってほしい」ので歯ブラシといった具合です。

　ちなみに私の돌잡이のときは、両親は鉛筆をつかんでくれることを願ったと聞いています。しかし私は、手にしやすいようにと目の前に置かれた鉛筆をわざわざ避けて、右利きなのにもかかわらず、左の遠くに置かれたお金をしっかり握りしめたそうです。果たしてこの占いが当たっているのか（？）少し疑問ではありますが、将来に期待を託して楽しみにしています。韓国人なら돌잡이で何を手にしたかは、大きくなってからも、ずっと語り継がれるのではないでしょうか。

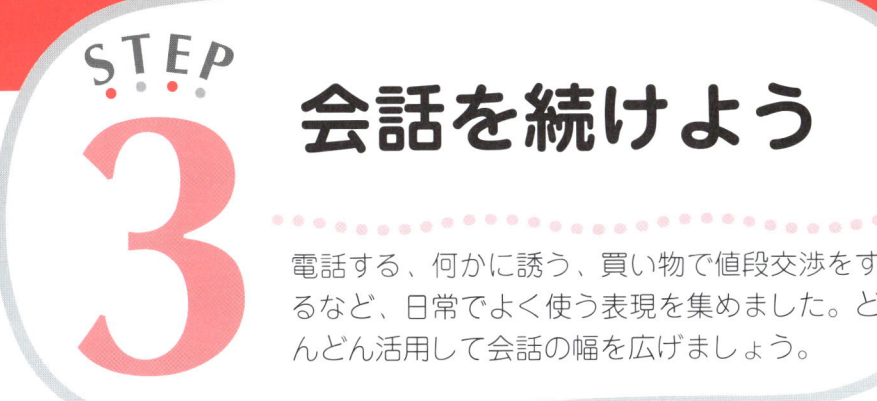

STEP 3 会話を続けよう

電話する、何かに誘う、買い物で値段交渉をするなど、日常でよく使う表現を集めました。どんどん活用して会話の幅を広げましょう。

23 日め	電話する	もしもし。予約をしたいのですが …	168
24 日め	食事に誘う	韓国料理を食べに行きませんか？ …	174
25 日め	韓国について話す	韓国はどうですか？ ……………	180
26 日め	観光する	写真を撮っていただけますか？ ……	186
◆ 23-26 日め 練習問題 ……………………………………			192

27 日め	理由を聞く	なぜ韓国語を勉強されているのですか？ …	196
28 日め	連絡先を聞く	メールアドレスを教えてください …	202
29 日め	食事の感想を話す	とても辛いです …………………	208
30 日め	値段交渉する	ちょっと安くしてください ……	214
◆ 27-30 日め 練習問題 ……………………………………			220

23日め 電話する
もしもし。予約をしたいのですが

電話予約の際に使える表現を練習しましょう。

今日の例文

フロントマン
ありがとうございます。ソウルホテルです。
カムサハムニダ　ソウルホテリムニダ
감사합니다. 서울호텔입니다.
ありがとうございます／ソウル／ホテル／です

マユミ
もしもし。予約をしたいのですが。
ヨボセヨ　イェヤグル　ハゴ　シップンデヨ
여보세요. 예약을 하고 싶은데요.
もしもし／予約／を／したいのですが

フロントマン
はい、いつがよろしいでしょうか？
ネ　オンジェガ　チョウセヨ
네, 언제가 좋으세요?
はい／いつ／が／よろしいでしょうか

マユミ
明日です。シングルでお願いします。
ネイルリョ　シングルロ　プタクトゥリルケヨ
내일요. 싱글로 부탁드릴게요.
明日／です／シングル／で／お願いします

23日め　もしもし。予約をしたいのですが

> 発音のつぼ
>
> ●예약을は、YESの「イェ」、それに「ヤ」「グル」とそれぞれ1音のつもりで言ってみてください。
> （イェ ヤ グル）
>
> ●싶은데요は、「シップ」の後に軽く「ン」をつなげ、「デヨ」とつけてみましょう。
> （シップンデ ヨ）
>
> ●내일요は、文字で見ると最後が요で終わっているので、「ネイルヨ」と読むように思えます。しかし、これはその前のㄹと一緒に発音して「ネイルリョ」となるので、「リョ」と「ヨ」を少し弱めに言いましょう。
> （ネイルリョ）

1 「～したいのですが」と打診する表現

「~하고 싶은데요（～したいのですが）」という表現です。「~하고 싶어요（～したいです）」よりも少し婉曲にお願いするニュアンスの言い方になります。
（ハ ゴ シップンデ ヨ / ハ ゴ シッポ ヨ）

変更したいのですが。

변경하고 싶은데요.
（ピョンギョン ハ ゴ シップンデ ヨ）
変更　　　したいのですが

キャンセルしたいのですが。

취소하고 싶은데요.
（チュィソ ハ ゴ シップンデ ヨ）
取り消し　　　したいのですが

> 반품하고 싶은데요.
> 返品したいのですが。
> （パン プ マ ゴ シップンデ ヨ）

電話する 23

169

2 「〜でお願いします」と依頼する表現

「〜로 부탁드릴게요（〜でお願いします）」という表現です。このフレーズでいろいろなお願いができるので、ぜひ覚えて使いましょう。

何名様でしょうか？

몇 분이세요 ?
_{ミョップ ニ セヨ}
〔何　方　ございますか〕

> パッチムのある単語には、
> 〜으로 부탁드릴게요が、
> パッチムのない単語には、
> 〜로 부탁드릴게요が
> つながります。

5人でお願いします。

다섯 명으로 부탁드릴게요 .
_{タ ソン ミョン ウ ロ プ タクトゥリルケ ヨ}
〔5　名　で　お願いします〕

↳ 入れ替え！

はい、わかりました。お待ちしております。

네 , 알겠습니다 . 기다리겠습니다 .
_{ネ アルゲッスムニダ キダリゲッスムニダ}
〔はい　わかりました　待っています〕

会話が広がる入れ替え単語

ツイン	트윈 (トゥウィン)	オンドル部屋	온돌방 (オンドルパン)
禁煙席	금연석 (クミョンソク)	喫煙席	흡연석 (フビョンソク)

170

23日め　もしもし。予約をしたいのですが

3 予約のときに使える表現

電話予約などの際に使えそうなフレーズです。

予約した加藤ですが。

イェヤッカン　カ　ト　インデ　ヨ
예약한 카토인데요.

予約　した　加藤　ですが

●ひとことメモ●

「카토（加藤）」の部分を自分の名字に替えて言ってみましょう。

今日の予約を明日にしたいです。

オ ヌル イェヤ グル ネ イル ロ　ハ ゴ　シッ ポ ヨ
오늘 예약을 내일로 하고 싶어요.

今日　予約　を　明日　に　　　したいです

明後日の予約はできますか？

モ　レ　イェヤッ ドェ ヨ
모레 예약 돼요?

明後日　予約　できますか

ワンポイント　予約したことと対応が違ったら…

　実際に予約して足を運んで、もし予約した通りでなかった場合は、
イェヤッカン　ゴ タ ゴ　ダルム ニ ダ　　　　　　　　　　　　　パン ウル　バックォ
「예약한 것하고 다릅니다（予約したことと違います）」「방을 바꿔
ジュセヨ　　　　　　　　　　　　　　　チャリ ルル　バックォ ジュ セ ヨ
주세요（部屋を変えてください）」「자리를 바꿔 주세요（席を変えてください）」と言って要望をきちんと伝えましょう。
　韓国では要望をはっきり言わないほうが、むしろ問題です。遠慮しないで言ってみてください。

電話する

23

「電話する」のおさらい

I 次の日本語を「〜하고 싶은데요」を使って韓国語にしましょう。
<small>ハゴ シップンデヨ</small>

(1) 予約したいのですが。
　　（　　　　　　　　　　　　　　　　）

(2) 変更したいのですが。
　　（　　　　　　　　　　　　　　　　）

(3) キャンセルしたいのですが。
　　（　　　　　　　　　　　　　　　　）

II 次の日本語に対応するように、（　　）に入る韓国語を①〜③の中から選びましょう。

(1) シングルでお願いします。
　　（　　　　　　）로 부탁드릴게요.
<small>ロ　プタクトゥリルケヨ</small>

(2) オンドル部屋でお願いします。
　　（　　　　　　）으로 부탁드릴게요.
<small>ウロ　プタクトゥリルケヨ</small>

①트윈　②싱글　③온돌방
<small>トゥウィン　シングル　オンドルパン</small>

23日目 もしもし。予約をしたいのですが

答えと解説

I 「~하고 싶은데요(~したいのですが)」を覚えましょう。

(1) **예약하고 싶은데요.**
  「予約」は**예약**です。

(2) **변경하고 싶은데요.**
  「変更」は**변경**です。

(3) **취소하고 싶은데요.**
  「キャンセル(取り消し)」は**취소**です。

II 「~로/으로 부탁드릴게요(~でお願いします)」という表現を覚えましょう。

(1) ②**싱글**――― **싱글로 부탁드릴게요.**

(2) ③**온돌방**――― **온돌방으로 부탁드릴게요.**

> ### 🇰🇷 韓国まめ知識
>
> 온돌とは韓国の伝統的な床暖房のこと。昔、寒さをしのぐために床下の石を温めて部屋を温かくしたのが始まりで、現代では、ガスや電気で温めたお湯を床下のパイプに通す温水床暖房として残っています。
>
> ホテルや旅館にも、この온돌を使った「온돌방(オンドル部屋)」があるところもありますので、一度体験されてみるのもいいでしょう。昔のものは昌徳宮や韓国民俗村などで見ることができます。

食事に誘う

24日め 韓国料理を食べに行きませんか？

お誘いするフレーズを使えるようになりましょう。

今日の例文

ヨンミ

韓国料理を食べに行きませんか？
ハングン ニョリ モグロ アン ガ シゲッソ ヨ
한국 요리 먹으러 안 가시겠어요 ?
| 韓国 | 料理 | 食べに | ない | 行かれますか |

ケンタロウ

いいですね。
チョア ヨ
좋아요 .
| いいですね |

ヨンミ

辛いのは平気ですか？
メ ウン ゴン チャル ドゥ セ ヨ
매운 건 잘 드세요 ?
| 辛い | ものは | よく | 召し上がりますか |

ケンタロウ

はい、大好きです。
ネ アジュ チョア ヘ ヨ
네 , 아주 좋아해요 .
| はい | とても | 好きです |

24日め　韓国料理を食べに行きませんか？

発音のつぼ

- 먹으러の「グ」は口を横に広げて、「グ」と発音してください。
  （モグロ）
- 가시겠어요は、「アン」とつなげて発音すると「ガシゲッソヨ」と濁ります。普通この部分はつなげて発音するので、「ン」の口の形のまま「ガ」と音を濁らせてください。
  （カシゲッソヨ）
- 잘で1音です。「チャ」の後、舌を上あごにつけたところで止めて「チャル」と言ってみましょう。
  （チャル）

1　「～行きませんか？」と勧誘する表現

「～안 가시겠어요？（～行きませんか？）」というお誘いのフレーズを覚えましょう。
（アン ガシゲッソヨ）

飲みに行きませんか？

마시러 안 가시겠어요？
（マシロ　アン　ガ　シ　ゲッソ　ヨ）

飲みに　　ない　　行かれますか

屋台に行きませんか？

포장마차에 안 가시겠어요？
（ポジャンマ チャ エ　アン　ガ　シ　ゲッソ　ヨ）

屋台　　に　ない　　行かれますか

175

2 飲み物の名前を覚えよう

飲み物の名前を覚えて、その飲み物の話をしたり、オーダーしたりできるようになりましょう。

お酒は飲めますか？

スル ウン チャル ドゥ セ ヨ
술은 잘 드세요?
酒　は　よく　召し上がりますか

> ソ ジュ ヌン チャル ドゥ セ ヨ
> 소주는 잘 드세요?
> 焼酎は飲めますか？

入れ替え！

はい、飲めます。　　　いいえ、飲めません。

ネ チャル モ ゴ ヨ　　　アニヨ チャルモン モ ゴ ヨ
네, 잘 먹어요.　　　**아니요, 잘 못 먹어요.**
はい　よく　食べます　　いいえ　よく　できない　食べます

会話が広がる入れ替え単語
※パッチムのない場合は는を使います。

瓶ビール	ピョンメクチュ* **병맥주**	生ビール	センメクチュ* **생맥주**
焼酎	ソジュ* **소주**	マッコリ	マッコルリ* **막걸리**
ドンドン酒	トンドンジュ* **동동주**	ワイン	ワイン **와인**
カクテル	カクテイル **칵테일**	洋酒	ヤンジュ* **양주**

24日め　韓国料理を食べに行きませんか？

3 飲食店で使える表現

　レストランなど飲食店で、味つけに対する要望やほしいものなどを言えるようになりましょう。

辛くしないでください。

アン　メプケ　ヘ　ジュセヨ
안 맵게 해 주세요.

ない　辛く　して　ください

お皿をください。

チョプシ　ジュセヨ
접시 주세요.

お皿　ください

メニューを見せてください。

メニュルル　ポヨ　ジュセヨ
메뉴를 보여 주세요.

メニュー　を　見せて　ください

日本語のメニューはありますか？

イルボノ　メニュ イッソヨ
일본어 메뉴 있어요?

日本　語　メニュー　ありますか

お水をください。

ムル ジョム ジュセヨ
물 좀 주세요.

水　ちょっと　ください

カードは使えますか？

カドゥ スル ス イッソヨ
카드 쓸 수 있어요?

カード　使う　すべ　ありますか

ワンポイント　お誘いを断る言い方

　日本人は誘われたら、ちょっと無理をしてでも相手につき合うように感じますが、韓国人は疲れているときや用事があるときは、はっきり理由を言って断るのが普通です。疲れているのに無理につき合って場の雰囲気を壊すよりは断るほうがいい、と考えるからでしょう。
　都合が悪いときは、「**미안해요. 안 되겠어요**（ミアネヨ　アン ドェゲッソヨ）（ごめんなさい。ダメです）」とはっきり断っても大丈夫です。

食事に誘う　24

177

「食事に誘う」のおさらい

I 次の（　）には同じ言葉が入ります。①〜③の中から選んで文を完成させましょう。

(1) 韓国料理を食べに行きませんか？
　　<ruby>한국<rt>ハングン</rt></ruby> <ruby>요리<rt>ニョリ</rt></ruby> <ruby>먹으러<rt>モグロ</rt></ruby>（　　）？

(2) 飲みに行きませんか？
　　<ruby>마시러<rt>マシロ</rt></ruby>（　　）？

①안 가시겠어요（アン ガ シ ゲッソ ヨ）　②안 먹어요（アン モ ゴ ヨ）　③가 주세요（カ ジュ セ ヨ）

II 次の飲み物の名前の韓国語を①〜④の中から選びましょう。

(1) 生ビール（　　　）　　(2) 焼酎（　　　）

(3) 水　　（　　　）　　(4) お酒（　　　）

①술（スル）　②생맥주（センメクチュ）　③물（ムル）　④소주（ソジュ）

24日目　韓国料理を食べに行きませんか？

答 え と 解 説

Ⅰ　안 먹어요(アン モゴヨ)は「食べません」、가 주세요(カ ジュセヨ)は「行ってください」の意味です。

(1) ①안 가시겠어요(アン ガ シ ゲッソ ヨ)———한국 요리 먹으러 안 가시겠어요？(ハングン ニョリ モグロ アン ガ シ ゲッソ ヨ)

～안 가시겠어요？(アン ガ シ ゲッソ ヨ)で「～行きませんか？」という意味になります。

(2) ①안 가시겠어요(アン ガ シ ゲッソ ヨ)———마시러 안 가시겠어요？(マ シ ロ アン ガ シ ゲッソ ヨ)

Ⅱ　飲み物の名前を確認しましょう。

(1) ②생맥주(センメクチュ)

「瓶ビール」は병맥주(ビョンメクチュ)と言います。

(2) ④소주(ソジュ)

漢字語「焼酎」の韓国語読みが소주(ソジュ)です。

(3) ③물(ムル)

「水をください」は、물 좀 주세요(ムルジョムジュセヨ).と言います。

(4) ①술(スル)

술(スル)はお酒一般を指します。

🇰🇷 **韓国まめ知識**

　韓国の伝統的なお酒「막걸리(マッコリ)」は、農家の人が農作業の合間の食事のときに飲んだお酒で、農作業の疲れを癒し、元気を出すために飲んだものといわれています。

　このマッコリは、米、麦などを原料に作った「どぶろく」で、アルコール度数が低く口あたりのよいのが特徴。なぜか雨の日にチヂミを食べながら、飲みたくなるお酒です。

食事に誘う

24

179

25日め 韓国について話す

韓国はどうですか？

韓国についての印象、感想などを話してみましょう。

今日の例文

ジュンス：
韓国はどうですか？
ハン グ グン　オット セ ヨ
한국은 어떠세요？
［韓国］［は］　［どうですか］

マユミ：
食べ物がとてもおいしいです。
ウム シ ギ　ア ジュ　マ シッ ソ ヨ
음식이 아주 맛있어요．
［食べ物］［が］［とても］［おいしいです］

ジュンス：
何が一番おいしかったですか？
ムォ ガ　チェ イル　マ シッ ソッ ソ ヨ
뭐가 제일 맛있었어요？
［何］［が］［一番］［おいしかったですか］

マユミ：
カムジャタンが一番おいしかったです。
カム ジャ タン イ　チェ イル　マ シッ ソッ ソ ヨ
감자탕이 제일 맛있었어요．
［カムジャタン］［が］［一番］［おいしかったです］

25日目 韓国はどうですか？

> **発音のつぼ**
>
> ● 음식이の「ム」は子音のm。唇を閉じて「m」だけを発音します。日本語の「うん」の「ん」の口を閉じるイメージで言ってみてください。
> （ウㇺシギ）
>
> ● 뭐가の「ムォ」は、早く言うと「モ」に限りなく近い音になって「モガ」となります。
> （ムォガ）
>
> ● 제일の「ル」は子音のl。「ru（ル）」ではありません。舌先を前歯の裏側につけて「ル」と言う感覚で発音してみましょう。
> （チェイㇽ）

1 「～どうでしたか？」と聞く表現

「～어떠셨어요？（～どうでしたか？）」（オットショッソヨ）という質問に答えられるようになりましょう。

ショッピングはどうでしたか？

쇼핑은　어떠셨어요?
ショピンウン　オットショッソヨ
ショッピング　は　　　どうでしたか

はい、とても楽しかったです。

네, 너무 즐거웠어요.
ネ　ノム チュㇽゴウォッソヨ
はい　あまりにも　楽しかったです

とても安かったです。

아주 쌌어요.
アジュ サッソヨ
とても　安かったです

韓国について話す

2　韓国の地名を覚えよう

韓国の主な都市の名前をあげてみました。行った場所、見た町についての会話ができるようになりましょう。

どこが一番よかったですか？

オディガ　チェイル　チョウショッソ　ヨ
어디가 제일 좋으셨어요？

| どこ | が | 一番 | よかったですか |

慶州（キョンジュ）がよかったです。

キョンジュ　ガ　チョアッソ　ヨ
경주가 좋았어요．

| キョンジュ | が | よかったです |

入れ替え！

会話が広がる 入れ替え 単語

ソウル	ソ ウル※ **서울**	春川	チュンチョン※ **춘천**
釜山	プ サン※ **부산**	済州島	チェジュ ド **제주도**
仁川	インチョン※ **인천**	水原	ス ウォン※ **수원**

※パッチムのある単語は、「〜が」にあたる部分の助詞は「이（が）」を使います。さらに、連音して次のように発音が変わります。

ソウリ　　　　　　　　　チュンチョニ　　　　　　　プサニ
서울이（ソウルが）　　**춘천이**（春川が）　　　　**부산이**（釜山が）
インチョニ　　　　　　　スウォニ
인천이（仁川が）　　　**수원이**（水原が）

25日め　韓国はどうですか？

3 アカスリの感想を言う表現

韓国名物のアカスリ。体験してみた感想を言ってみましょう。

アカスリはしましたか？

テ ミ リ ヌン　ハショッソ ヨ
때밀이는 하셨어요?

アカスリ　は　なさいましたか

はい、とても気持ちよかったです。

ネ　ア ジュ キ ブ ニ　チョアッソ ヨ
네, 아주 기분이 좋았어요.

はい　とても　気持ち　が　よかったです

気持ちはよかったけど、少し痛かったです。

キ ブ ヌン チョアッチ マン チョグム アッパッソ ヨ
기분은 좋았지만 조금 아팠어요.

気持ち　は　よかったけど　ちょっと　痛かったです

ワンポイント 相づちで会話を盛り上げよう

リアクションの大きい韓国人との会話をつないでいく相づちの言葉を知ると、より上手にコミュニケーションが取れると思います。
よく使われるのは、「그래그래（そうそう）」「그래（そう）」「그래요?（そうなの？）」「맞아맞아（その通りその通り）」「진짜?（ほんと？）」「그렇구나（そうなんだ）」など。難しく考えないで、ぜひ一度使ってみてください。

（ふりがな: クレクレ、クレ、クレヨ、マジャマジャ、チンチャ、クロックナ）

183

●●「韓国について話す」のおさらい ●●

I 次の日本語を「~은 어떠세요?」を使って韓国語にしましょう。
<ruby>ウン オット セ ヨ</ruby>

(1) 韓国はどうですか？
　　（　　　　　　　　　　　　　　）

(2) 日本はどうですか？
　　（　　　　　　　　　　　　　　）

II 次の（　）に、日本語に対応する地名を①~③の中から選び文を完成させましょう。

(1) ソウルがよかったです。
　　（　　　　　）이 좋았어요.
　　　　　　　　　イ チョアッソ ヨ

(2) 釜山がよかったです。
　　（　　　　　）이 좋았어요.
　　　　　　　　　イ チョアッソ ヨ

①부산　　②서울　　③경주
　プサン　　　ソウル　　　キョンジュ

> 25日め　韓国はどうですか？

答 え と 解 説

I　「~은 어떠세요？（~はどうですか？）」を使って質問をしてみましょう。

(1) **한국은 어떠세요？**

「韓国」は **한국** です。ほかに「**몸은 어떠세요？**（体調はどうですか？）」「**일은 어떠세요？**（仕事はどうですか？）」なども覚えておきましょう。

(2) **일본은 어떠세요？**

「日本」は **일본** です。「~はどうでしたか？」と言うときは、**~은 어떠셨어요？** を使います。

II　**경주** は「慶州」で、日本の京都と似た感じのところです。

(1) ② **서울 ─── 서울이 좋았어요.**

韓国の首都で東京に似ています。「**서울＋이**」でソウリと連音します。

(2) ① **부산 ─── 부산이 좋았어요.**

韓国の南に位置する港町です。「**부산＋이**」でプサニと連音します。

🇰🇷 韓国まめ知識

　健康、美容に対して関心が強い韓国人ですが、昔から汗をかくことは健康にも美容にもいいと考えられています。熱せられた石造りのドームの中に麻の布をかぶって入り汗を流す、昔ながらの韓国式サウナが「**한증막**（汗蒸幕）」。「汗蒸幕」は、主に外国人観光客を対象にしたものとして今も残っており、そこではアカスリやマッサージ、きゅうりパックなども体験することができます。

26日め 観光する

写真を撮っていただけますか？

観光地などで、写真撮影をお願いするフレーズを覚えましょう。

今日の例文

ケンタロウ

写真を撮っていただけますか？
サジン チョム チゴ ジュシゲッソヨ
사진 좀 찍어 주시겠어요 ?
写真 / ちょっと / 撮って / くださいますか

現地の女性

はい、いいですよ。
ネ チョアヨ
네 , 좋아요 .
はい / いいです

ケンタロウ

ここを押すだけでいいです。
ヨギルル ヌル ギマン ハミョン ドェヨ
여기를 누르기만 하면 돼요 .
ここ / を / 押すだけ / すれば / いいです

現地の女性

いち、にの、さん、キムチ。
ハナ トゥル セッ キムチ
하나 둘 셋 김치 .
ひとつ / ふたつ / みっつ / キムチ

● ひとことメモ ●

「**김치**（キムチ）」は写真を撮る際の決まり文句です。

26日め　写真を撮っていただけますか？

> 発音のつぼ
>
> - 사진の「ン」は子音のnです。舌を前歯の裏側につけて発音してください。
> - 좀の「ム」は子音のmです。口を閉じて「ム（mu）」を途中で止める感じで発音しましょう。
> - 누르기만の「ヌ」は、口を突き出してはっきりと発音します。

1 「〜していただけますか？」と打診する表現

「〜주시겠어요？（〜していただけますか？）」と頼む表現です。引き受けてもらえたら「감사합니다（ありがとうございます）」とお礼を忘れずに言いましょう。

タクシーを呼んでいただけますか？

택시 좀 불러 주시겠어요？
タクシー　ちょっと　呼んで　くださいますか

代わりに予約をしていただけますか？

대신에 예약 좀 해 주시겠어요？
代わり　に　予約　ちょっと　して　くださいますか

観光する

187

2 「～するだけでいいです」と依頼する表現

「～기만 하면 돼요（～するだけでいいです）」という表現です。

バスに乗るだけでいいです。

버스를 타기만 하면 돼요.

| バス | を | 乗るだけ | すれば | いいです |

ここにサインをするだけでいいです。

여기에 사인을 하기만 하면 돼요.

| ここ | に | サイン | を | するだけ | すれば | いいです |

予約をするだけでいいです。

예약을 하기만 하면 돼요.

| 予約 | を | するだけ | すれば | いいです |

2時までに来るだけでいいです。

두 시까지 오시기만 하면 돼요.

| 2 | 時 | まで | 来られるだけ | すれば | いいです |

● ひとことメモ ●
予約不要の場合、「来るだけでいいです」と表現します。

> 26日め　写真を撮っていただけますか？

3 観光地で使える表現

観光地で使えるフレーズをいくつか紹介します。

大人2枚いただけますか？

オルン　トゥ　ジャン　ジュ　シ　ゲッソ　ヨ
어른 두 장 주시겠어요？
大人　2　枚　　　ください ますか

● ひとことメモ ●
「子ども」は**어린이**です。（オリニ）

はい、どうぞ。

ネ　ヨ　ギ　イッスム ニ ダ
네, 여기 있습니다.
はい　ここ　　あります

日本語ガイドは何時からですか？

イル　ボ　ノ　ガ　イドゥ ヌン ミョッ シ ブ トィェ ヨ
일본어 가이드는 몇 시부터예요？
日本　語　ガイド　は　何　時　から　ですか

ワンポイント 「～するだけでいいです」とお願いする？

　何かをお願いするとき、日本人は遠慮して「～してもらえますか？」と相手に判断をゆだねる言い方をします。
　しかし韓国人は、「ほんの少し、簡単なことなので～してください」という意味を込めて「～するだけでいいです」と相手への負担が少ないことをアピールする言い方をします。それが「**여기를**（ヨギルル） **누르기만 하면 돼요**（ヌルギマン ハミョン ドェヨ）（ここを押すだけでいいです）」「**오시기만**（オシギマン） **하면 돼요**（ハミョン ドェヨ）（来るだけでいいです）」などの表現です。

「観光する」のおさらい

I 次の日本語に対応するように、下の単語を並べ替えて文を作りましょう。

(1) 写真を撮っていただけますか？

（　　　　）좀（チョム）（　　　　）（　　　　）？

찍어（チゴ）　　주시겠어요（ジュ シゲッソ ヨ）　　사진（サ ジン）

(2) タクシーを呼んでいただけますか？

（　　　　）좀（チョム）（　　　　）（　　　　）？

불러（プル ロ）　　주시겠어요（ジュ シゲッソ ヨ）　　택시（テクシ）

II 次の日本語に対応するように、右の単語を変化させて（　　）の中に入れ、文を完成させましょう。

(1) 乗るだけでいいです。

（　　　）기만 하면 돼요．（ギマン ハミョンドェ ヨ） ＊「乗る」 타다（タダ）

(2) 押すだけでいいです。

（　　　）기만 하면 돼요．（ギマン ハミョンドェ ヨ） ＊「押す」 누르다（ヌルダ）

答えと解説

I 「~ 주시겠어요？(~していただけますか？)」を使えるようになりましょう。

(1) (**사진**) 좀 (**찍어**) (**주시겠어요**)？

　　좀は「ちょっと」の意味。사진は「写真」、찍어は「撮って」となります。

(2) (**택시**) 좀 (**불러**) (**주시겠어요**)？

　　택시は「タクシー」、불러は「呼んで」です。

II それぞれの動詞からおしりの**다**をとって、「~**기만 하면 돼요**(~するだけでいいです)」という表現につなげます。

(1) **타**기만 하면 돼요.

(2) **누르**기만 하면 돼요.

🇰🇷 韓国まめ知識

　韓国では写真を撮るとき、「하나 둘 셋 김치 (ひとつ、ふたつ、みっつ、キムチ)」と言います。김치の치が口を横に開いて発音する音で口がニーッとなって、笑顔に見えるからという理由で使われるようになったのでしょう。

　写真を撮るときのセリフとしては、この김치が主流ですが、「치즈！(チーズ！)」という言い方も使われることがあります。

23-26日め 練習問題

力がついたか腕だめし！

1 次の日本語に対応するように、（　）に入る韓国語を①〜④の中から選びましょう。

（1）予約したいのですが。
　　（　　　　）하고 싶은데요.
　　　　ハゴ シップンデヨ

（2）返品したいのですが。
　　（　　　　）하고 싶은데요.
　　　　ハゴ シップンデヨ

①예약　　②취소　　③변경　　④반품
　イェヤク　　チュィソ　　ピョンギョン　　パンプム

2 次の日本語に対応するように、（　）に入る韓国語を①〜④の中から選びましょう。

（1）食べに行きませんか？
　　（　　　　）안 가시겠어요？
　　　　アン ガ シゲッソヨ

（2）焼酎は飲めますか？
　　（　　　　）는 잘 드세요？
　　　　ヌン チャル ドゥセヨ

①소주　　②술　　③마시러　　④먹으러
　ソジュ　　スル　　マシロ　　モグロ

23-26日め 練習問題

3 次の韓国語の質問文に対する返答として、不適切なものを①～③の中から一つ選びましょう。

(1) 쇼핑은 어떠셨어요 ?　(　　　)
　①너무 즐거웠어요. ②아주 쌌어요. ③아주 맛있었어요.

(2) 때밀이는 하셨어요 ?　(　　　)
　①경주가 좋았어요. ②기분이 좋았어요. ③조금 아팠어요.

4 次の日本語に対応するように、(　)に入る韓国語を①～④の中から選びましょう。

(1) 写真を撮っていただけますか？
　사진 좀 (　　　) 주시겠어요 ?

(2) タクシーを呼んでいただけますか？
　택시 좀 (　　　) 주시겠어요 ?

　①먹어　②찍어　③불러　④마셔

23-26日め 解答解説

まちがえたら見直そう！

1 「~하고 싶은데요（~したいのですが）」を使って要望を言う表現です。

(1) (①예약) 하고 싶은데요. （予約したいのですが）
②취소は「キャンセル（取り消し）」、③변경は「変更」です。

(2) (④반품) 하고 싶은데요. （返品したいのですが）
「주문하고 싶은데요（注文したいのですが）」なども覚えて、レストランなどで使ってみましょう。

2 ①소주は「焼酎」、②술は「お酒」、③마시러は「飲みに」、④먹으러は「食べに」です。

(1) (④먹으러) 안 가시겠어요？（食べに行きませんか？）
「~しましょう」と誘う表現よりは、もう少し柔らかい言い方です。

(2) (①소주) 는 잘 드세요？（焼酎は飲めますか？）
「술（お酒）」「와인（ワイン）」「생맥주（生ビール）」など入れ替えられます。パッチムのある場合、는が은になることに注意しましょう。

3 「~어떠셨어요？（~どうでしたか？）」「~하셨어요？（~しましたか？）」という問いに対する答えの表現です。

23-26日め **練習問題**

(1) ③**아주 맛있었어요.**（とてもおいしかったです）
　　쇼핑은 어떠셨어요? は「ショッピングはどうでしたか?」。
　　①너무 즐거웠어요. は「とても楽しかったです」、②아주 쌌어요. は「とても安かったです」です。

(2) ①**경주가 좋았어요.**（慶州がよかったです）
　　때밀이는 하셨어요? は「アカスリはしましたか?」。②기분이 좋았어요. は「気持ちよかったです」、③조금 아팠어요. は「ちょっと痛かったです」です。

4 ていねいにお願いするフレーズです。

(1) **사진 좀（②찍어）주시겠어요?**
　　（写真を撮っていただけますか?）
　　②찍어は「撮って」です。

(2) **택시 좀（③불러）주시겠어요?**
　　（タクシーを呼んでいただけますか?）
　　③불러は「呼んで」、①먹어は「食べて」、④마셔は「飲んで」です。

表現のまとめ

・～하고 싶은데요（～したいのですが）⇒ 23 日め参照。
・～어떠셨어요?（～どうでしたか?）⇒ 25 日め参照。
・～ 주시겠어요?（～していただけますか?）⇒ 26 日め参照。

195

27日め 理由を聞く
なぜ韓国語を勉強されているのですか？

「なぜ」「どうして」を使って会話を深めましょう。

今日の例文

ジュンス
なぜ韓国語を勉強されているのですか？
ウェ ハング ゴルル コンブ ハセヨ
왜 한국어를 공부하세요？
なぜ／韓国／語／を／勉強／されているのですか

マユミ
字幕なしで韓国ドラマが見たいからです。
チャマ ゴプシ ハングゥ トゥラマルル ポゴ シプコドゥンニョ
자막 없이 한국 드라마를 보고 싶거든요．
字幕／なしで／韓国／ドラマ／を見／たいからです

ジュンス
そうなんですね。頑張ってください。
ク ロックンニョ ヨル シ ミ ハセヨ
그렇군요．열심히 하세요．
そうなんですね／熱心／に／なさってください

マユミ
はい、いろいろ教えてください。
ネ ヨロ ガジロ カルチョ ジュセヨ
네，여러 가지로 가르쳐 주세요．
はい／いろいろ／教えて／ください

27日め なぜ韓国語を勉強されているのですか？

発音のつぼ

- 없이の「オ」は、前の「k」と連音され「ゴ」になります。「プ」は子音のpです。そのまま勢いよく口を閉じ、「シ」につなげましょう。（オッシ）
- 그렇군요は、「クロ」の後、舌の奥に力を入れて一拍入れる感じで「クンニョ」と続けて発音してください。（クロックンニョ）
- 열심히の「ヨル」は1音です。「ル」は子音のlなので、舌を前歯の裏につけて、「ル（ru）」を途中で止めるように発音します。（ヨルシミ）

1 「なぜ〜されているのですか？」と聞く表現

趣味について話すときなどに、「왜 〜하세요？（なぜ〜されているのですか？）」と聞いてみましょう。（ウェ ハセヨ）

なぜ日本語を勉強されているのですか？

왜 일본어를 공부하세요？
（ウェ イルボノルル コンブ ハセヨ）

なぜ　日本　語　を　勉強　されているのですか

なぜ水泳をされているのですか？

왜 수영을 하세요？
（ウェ スヨンウル ハセヨ）

なぜ　水泳　を　されているのですか

なぜパソコンをされているのですか？

왜 컴퓨터를 하세요？
（ウェ コムピュトルル ハセヨ）

なぜ　パソコン　を　されているのですか

理由を聞く

2 「～したいからです」と理由を答える表現

「~고 싶거든요（～したいからです）」と理由を答える表現です。

どうして韓国に来たのですか？

<ruby>왜<rt>ウェ</rt></ruby> <ruby>한국<rt>ハング</rt></ruby><ruby>에<rt>ゲ</rt></ruby> <ruby>오셨어요<rt>オショッソヨ</rt></ruby>？

| なぜ | 韓国 | に | いらしたのですか |

友だちに会いたいからです。

<ruby>친구를<rt>チングルル</rt></ruby> <ruby>만나<rt>マンナ</rt></ruby><ruby>고<rt>ゴ</rt></ruby> <ruby>싶거든요<rt>シプコドゥンニョ</rt></ruby>．

| 友だち | を | 会い | たいからです |

● ひとことメモ ●
「友だちに会う」というとき、「友だちを会う」と「を」を使うので注意してください。

韓国語を話してみたいからです。

<ruby>한국말을<rt>ハングンマルル</rt></ruby> <ruby>해<rt>ヘ</rt></ruby> <ruby>보고<rt>ボゴ</rt></ruby> <ruby>싶거든요<rt>シプコドゥンニョ</rt></ruby>．

| 韓国 | 語 | を | して | み | たいからです |

旅行したいからです。

<ruby>여행하고<rt>ヨヘンハゴ</rt></ruby> <ruby>싶거든요<rt>シプコドゥンニョ</rt></ruby>．

| 旅行 | し | たいからです |

ショッピングしたいからです。

<ruby>쇼핑하고<rt>ショピンハゴ</rt></ruby> <ruby>싶거든요<rt>シプコドゥンニョ</rt></ruby>．

| ショッピング | し | たいからです |

27日め　なぜ韓国語を勉強されているのですか？

3 韓国語の学習法を答えるときに使う表現

「どのように勉強しているのですか？」と聞かれたら、自分の韓国語学習法を答えてみましょう。

どうやって勉強をしていますか？
オットッケ　コンブハゴ　イッソヨ
어떻게 공부하고 있어요?
どのように　勉強　していますか

> ユハクカゴ　シッポヨ
> 유학하고 싶어요.
> 留学したいです。

一人で勉強しています。
ホンジャソ　コンブハゴ　イッソヨ
혼자서 공부하고 있어요.
一人で　勉強　しています

韓国の歌で勉強しています。
ハングン　ノレロ　コンブハゴ　イッソヨ
한국 노래로 공부하고 있어요.
韓国　歌で　勉強　しています

この本で勉強しています。
イ　チェグロ　コンブハゴ　イッソヨ
이 책으로 공부하고 있어요.
この　本で　勉強　しています

理由を聞く

「理由を聞く」のおさらい

I 次の（ ）には同じ言葉が入ります。①〜③の中から選んで文を完成させましょう。

(1) なぜ韓国語を勉強されているのですか？

　　　　　　ハング ゴル コンブ ハセヨ
（　）한국어를 공부하세요？

(2) どうして韓国に来たのですか？

　　　　　　ハングゲ オショッソヨ
（　）한국에 오셨어요？

　ムォ　　　　ウェ　　　　ネ
①뭐　　　②왜　　　③네

II 次の日本語に対応するように、（ ）に入る韓国語を①〜③の中から選びましょう。

(1) ショッピングしたいからです。

　　　　　ハゴ シプコドゥンニョ
（　）하고 싶거든요.

(2) 友だちに会いたいからです。

　　ルル マンナゴ シプコドゥンニョ
（　）를 만나고 싶거든요.

　チング　　　　ヨヘン　　　ショピン
①친구　　②여행　　③쇼핑

200

27日め なぜ韓国語を勉強されているのですか？

答えと解説

I 「なぜ〜」「どうして〜」のフレーズを覚えましょう。

(1) ②왜―――― 왜 한국어를 공부하세요？
　　　　　　　　ウェ ハング ゴルル コンブ ハセヨ

왜？だけで「なぜ？」「どうして？」としても使えます。

(2) ②왜―――― 왜 한국에 오셨어요？
　　　　　　　　ウェ ハング ゲ オショッソヨ

①뭐は「何」、③네は「はい」です。

II 「왜（なぜ？）」に対する答えには「〜고 싶거든요（〜したいからです）」を使います。

(1) ③쇼핑―――― 쇼핑하고 싶거든요．
　　　　　　　　ショピン ハ ゴ シプ コドゥンニョ

(2) ①친구―――― 친구를 만나고 싶거든요．
　　　　　　　　チング ルル マンナ ゴ シプ コドゥンニョ

🇰🇷 韓国まめ知識

韓国語の勉強は楽しんでいただけていますか？　韓国語を勉強するには、まずハングルを読めるようになってほしいのが正直な気持ちですが、本書はハングルが読めなくても話せる、聞けるように作っています。

ぜひCDを何度も聞いてください。通勤・通学中、とにかく韓国語を耳に入れ続けてほしいと思います。30日続けると、自然に言えるフレーズがいくつかできるでしょう。それは韓国語のリズム、アクセントやニュアンスをつかめたということです。それをつかめれば、たとえカタカナを読んだとしても通じやすくなると思います。

28日め 連絡先を聞く
メールアドレスを教えてください

知り合った韓国人の連絡先を教えてもらう表現です。

今日の例文

ケンタロウ: メールアドレスを教えてください。
メイル ジュソルル カルチョ ジュセヨ
메일 주소를 가르쳐 주세요.
メール / 住所 / を / 教えて / ください

ヨンミ: はい、いいですよ。
ネ チョア ヨ
네, 좋아요.
はい / いいです

ケンタロウ: ありがとう。メールしますね。
コマウォヨ メイル ハルケヨ
고마워요. 메일 할게요.
ありがとう / メール / しますね

ヨンミ: はい、待っていますね。
ネ キダリルケヨ
네, 기다릴게요.
はい / 待っていますね

28日め メールアドレスを教えてください

発音のつぼ

- <ruby>주<rt>ジュ</rt></ruby>소は日本語の「住所（じゅうしょ）」と音が似ていますが、「ジューソ」と伸ばすと通じません。「ジュソ」と発音してください。
- <ruby>메<rt>メ</rt></ruby>일の「ル」は子音の l です。「ル（ru）」を途中で止める感じで、舌を前歯の裏につけて発音してみましょう。
- <ruby>할게요<rt>ハルケヨ</rt></ruby>の「ル」も同じく子音の l。「ハ」を言った後、舌の奥に力を入れて巻く感じで「ル」、そして「ケヨ」とつなげてください。

1 「〜しますね」と約束する表現

「〜할게요（〜しますね）」と約束する表現を覚えましょう。

電話しますね。　　メールしますね。

전화할게요.　　**메일 할게요.**
チョナ ハル ケ ヨ　　メイル ハル ケ ヨ

電話　しますね　　　メール　しますね

お手紙しますね。　連絡しますね。

편지할게요.　　**연락할게요.**
ピョンジ ハル ケ ヨ　ヨルラッカル ケ ヨ

手紙　しますね　　　連絡　しますね

内일 갈게요.
ネイル カル ケ ヨ
明日、行きますね。

連絡先を聞く

2 「～教えてください」と依頼する表現

「～가르쳐 주세요(～教えてください)」と名前、住所などを聞く表現です。なお、電話番号には漢数詞を使います。94ページの漢数詞の表を見て、自分の電話番号を言えるように練習しましょう。

携帯電話の番号を教えてください。

<ヘンドゥポン ボノルル カルチョ ジュセヨ>
핸드폰 번호를 가르쳐 주세요.
ハンドフォン番号 を 教えて ください

はい、011-3594-6287です。

<ネ, コンイリル サモグサ ユギバルチリ エヨ>
네, 011-3594-6287 이에요.
はい 011 の 3594 の 6287 です

● ひとことメモ ●
漢数詞のゼロは、電話番号を言う場合、「공(空)」を使います。

会話が広がる入れ替え単語

住所	ジュソ **주소**	名前	イルム* **이름**
電話番号	チョナ ボノ **전화번호**	年齢	ナイ **나이**
道	キル* **길**	韓国語	ハングゴ **한국어**

※パッチムのある単語は、「～を」にあたる部分の助詞は「을(を)」を使います。さらに、連音して次のように発音が変わります。
イルムル
이름을（名前を）
キルル
길을（道を）

28日め メールアドレスを教えてください

3 家族のことなどを聞く表現

家族のことや出身地などを聞く表現を覚えましょう。

家はどこですか？
チビ オディセヨ
집이 어디세요？
家 が どこでいらっしゃいますか

横浜です。
ヨコハマイェヨ
요코하마예요．
横浜 です

何人家族ですか？
カジョギ オットッケ ドェセヨ
가족이 어떻게 되세요？
家族 が どのように なられますか

4人です。
ネ ミョンイエヨ
네 명이에요．
4 名 です

出身地はどこですか？
チュルシンジ ヌン オディセヨ
출신지는 어디세요？
出身地 は どこでいらっしゃいますか

ソウルです。
ソウリエヨ
서울이에요．
ソウル です

ワンポイント 「私の」という意味も持つ우리(ウリ)

우리(ウリ)は「私たち」と訳されますが、日本語の「私たち」以上の意味を持っています。それは自分の身近な人や場所に対して「우리(ウリ)(私たち)」をつけて「私の」という意味を表すところです。
「우리 집(ウリ チプ)(私の家)」「우리 회사(ウリ フェサ)(私の会社)」「우리 가족(ウリ カジョク)(私の家族)」「우리 친구(ウリ チング)(私の友だち)」…。우리(ウリ)がつくことによって、その人にとって大切なかかわりがあることがわかります。「韓国では…」というときも、「우리 나라(ウリ ナラ)(私の国)」と言います。

連絡先を聞く

「連絡先を聞く」のおさらい

I 次の日本語を「〜가르쳐 주세요(カルチョジュセヨ)」を使って韓国語にしましょう。

(1) 名前を教えてください。
　　（　　　　　　　　　　　　）

(2) メールアドレスを教えてください。
　　（　　　　　　　　　　　　）

II 次の（　）に入る韓国語を①〜④の中から選んで文を完成させましょう。

(1) 電話しますね。
　　（　　　　　）할게요(ハルケヨ).

(2) 連絡しますね。
　　（　　　　　）할게요(ハルケヨ).

①편지(ピョンジ)　②전화(チョナ)　③메일(メイル)　④연락(ヨルラク)

28日め メールアドレスを教えてください

答えと解説

I 「~가르쳐 주세요（~教えてください）」の文型を使って教えてもらえるようになりましょう。

(1) **이름을 가르쳐 주세요.**
　　カルチョ ジュセヨ
　　イルムル カルチョ ジュセヨ

「名前」は 이름（イルム）です。「を」が 을（ウル）になる点に注意しましょう。

(2) **메일 주소를 가르쳐 주세요.**
　　メイル ジュソルル カルチョ ジュセヨ

「メールアドレス」は 메일 주소（メイル ジュソ）です。「を」は 를（ルル）になります。

II 「~할게요（~しますね）」を使ったフレーズです。
　　ハルケヨ

(1) ②**전화―――전화할게요.**
　　チョナ　　　チョナ ハルケヨ

①편지（ピョンジ）は「手紙」、③메일（メイル）はメールです。

(2) ④**연락―――연락할게요**
　　ヨルラク　　　ヨルラクハルケヨ

🇰🇷 韓国まめ知識

韓国では親しくなった年上の人を、親しみを込めて「오빠（〈妹から見た〉お兄さん）・형（〈弟から見た〉お兄さん）」「언니（〈妹から見た〉お姉さん）・누나（〈弟から見た〉お姉さん）」と呼びますが、これには上下関係をはっきりさせる意味も含まれています。
　実の兄弟の場合も 오빠 や 언니 と呼びますが、ほかの人に話すときは、実のお兄さん、お姉さんのことは「우리 오빠（私のお兄さん）」「우리 언니（私のお姉さん）」と前に 우리 をつけて言います。

連絡先を聞く

食事の感想を話す

29日め とても辛いです

食事を楽しみながらの会話を練習しましょう。

今日の例文

マユミ

とても辛いです。水をいただけますか？
너무 매워요. 물 좀 주시겠어요?
ノム メウォヨ ムル ジョム ジュシゲッソヨ
あまりにも／辛いです／水／ちょっと／くださいますか

男性店員

そんなに辛いですか？
그렇게 매우세요?
クロッケ メウセヨ
そんなに／辛いですか

マユミ

何が入っているのですか？
뭐가 들어 있어요?
ムォガ ドゥロ イッソヨ
何／が／入って／いますか

男性店員

コチュジャンが入っています。
고추장이 들어 있어요.
コチュジャンイ ドゥロ イッソヨ
コチュジャン／が／入って／います

> **29日め** とても辛いです

発音のつぼ

- **너무**の「ノ」は口を突き出さず、舌の奥に力を入れて発音してください。
（ノム）
- **매워요**の「ウォ」は、日本語の「ヲ」に近い音です。
（メウォヨ）
- **들어 있어요**の「ドゥ」は、口を横に開き、舌を上あごにつける感じで発音してみましょう。
（ドゥロ イッソヨ）

1 「どうですか？」と聞く表現

食べたことがないもの、行ったことのないところ、やったことがないことなどについて、この「〜어떠세요？（〜どうですか？）」（オットセヨ）を使って聞いてみましょう。

この海鮮鍋は、どうですか？

이 해물탕 어떠세요?
（イ ヘムルタン オット セヨ）

이	해물탕	어떠세요
この	海鮮鍋	どうですか

さっぱりしておいしいです。

얼큰하고 맛있어요.
（オルクナゴ マシッソヨ）

얼큰하고	맛있어요
さっぱりして	おいしいです

● ひとことメモ ●

얼큰하다（さっぱりしている）は熱いスープなどを飲んだ後のさっぱり感、**담백하다**（さっぱりしている）は淡白な味のさっぱり感を表現する言葉です。
（オルクナダ／タムベッカダ）

食事の感想を話す

29

2 味の表現を覚えよう

「お味はいかが？」と聞かれたら感想を言えるよう、味の表現を練習しましょう。

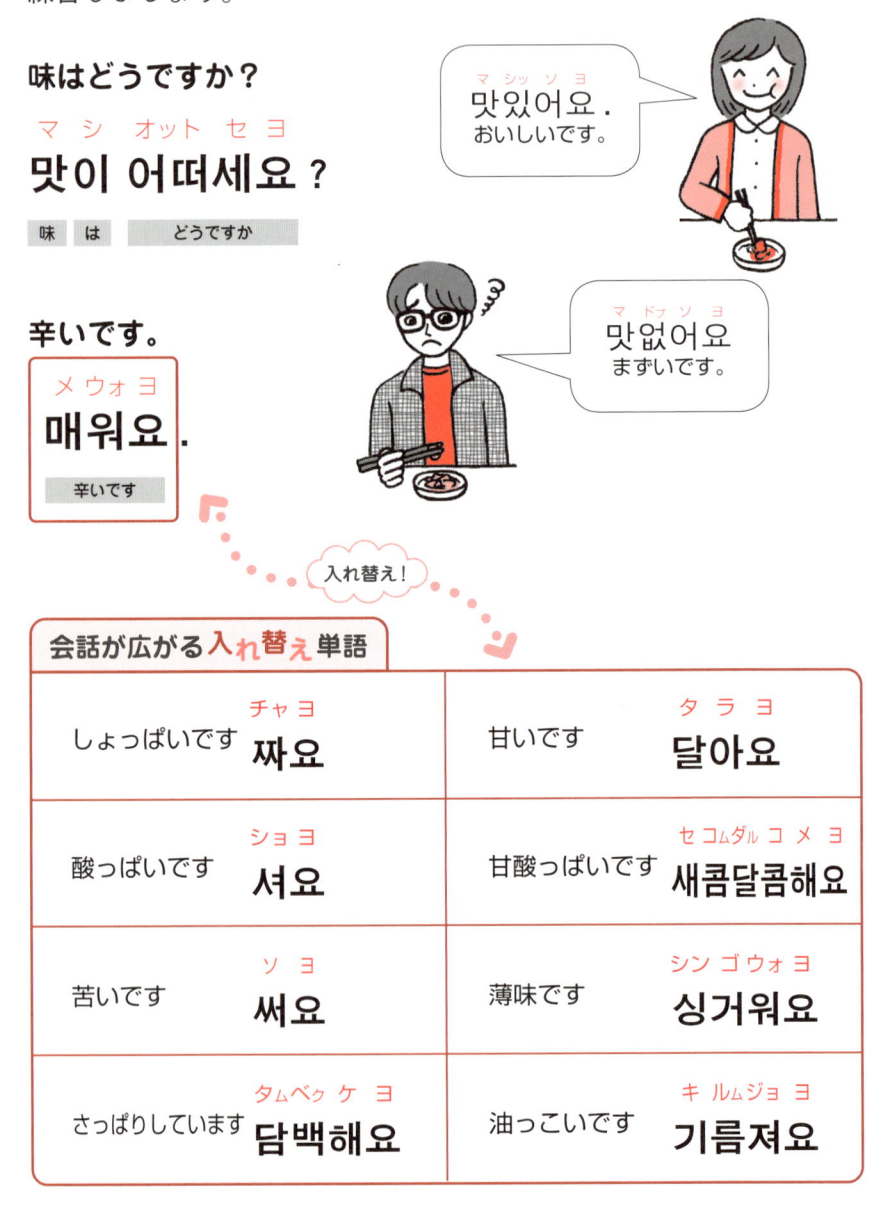

味はどうですか？

マ シ オット セ ヨ
맛이 어떠세요 ?

味 は どうですか

辛いです。

メ ウォ ヨ
매워요.
辛いです

> マ シッ ソ ヨ
> 맛있어요.
> おいしいです。

> マ ドプ ソ ヨ
> 맛없어요
> まずいです。

入れ替え！

会話が広がる入れ替え単語

しょっぱいです	チャ ヨ 짜요	甘いです	タ ラ ヨ 달아요
酸っぱいです	ショ ヨ 셔요	甘酸っぱいです	セコムダル コ メ ヨ 새콤달콤해요
苦いです	ソ ヨ 써요	薄味です	シン ゴ ウォ ヨ 싱거워요
さっぱりしています	タムベク ケ ヨ 담백해요	油っこいです	キ ルム ジョ ヨ 기름져요

29日め とても辛いです

3 食事の感想を言う表現

食べて感じたことをもっと詳しく言ってみましょう。

おこげが香ばしいですね。

スンニュンイ　グ　ス　ヘ　ヨ
숭늉이 구수해요.

おこげ　が　香ばしいです

> チョム　メウォ　ヨ
> **좀 매워요.**
> ちょっと辛いです。

この肉本当に柔らかいです。

イ　ゴ　ギ　チンッチャ　プ　ドゥ　ロ　ウォ　ヨ
이 고기 진짜 부드러워요.

この　肉　本当に　柔らかいです

辛すぎて口がひりひりしています。

ノ　ム　メウォソ　イ　ビ　オル　オル　レ　ヨ
너무 매워서 입이 얼얼해요.

あまりにも　辛くて　口　が　ひりひりしています

ワンポイント 「涼しい」＝「さわやかな味」？

시원하다（シウォナダ）という韓国独特の味の表現があります。시원하다（シウォナダ）は本来、「涼しい」という意味の単語ですが、それが「さわやか」に転じて、「さっぱりして、さわやか」な味を表現する単語になりました。

暑い日に生ビールを飲んだとき、また暑いときにヘムルタン（海鮮鍋）など熱いものを食べて汗をかいてすっきりしたときにも使われます。さらに、アカスリをしてすっきりしたときや温泉に入ったとき、またかゆいところをかいてもらったときなどにもこの시원하다（シウォナダ）が使われます。

食事の感想を話す

「食事の感想を話す」のおさらい

I 次の（　）には同じ言葉が入ります。①〜③の中から選んで文を完成させましょう。

(1) そんなに辛いですか？

（　　　　）매우세요？
　　　　　　メウセヨ

(2) そんなにおいしいですか？

（　　　　）맛있으세요？
　　　　　　マシッスセヨ

　　イロッケ　　　　クロッケ　　　　チョロッケ
　①이렇게　　②그렇게　　③저렇게

II 次の日本語にふさわしい韓国語を①〜④の中から選びましょう。

(1) 甘いです。

(2) 辛いです。

(3) しょっぱいです。

　タラヨ　　　チャヨ　　　シンゴウォヨ　　メウォヨ
　①달아요．　②짜요．　③싱거워요．　④매워요．

212

| 29 日め | とても辛いです |

答えと解説

Ⅰ ①이렇게(イロッケ)は「こんなに」、③저렇게(チョロッケ)は「あんなに」です。

(1) ②그렇게(クロッケ)───그렇게 매우세요?(クロッケ メウセヨ)

(2) ②그렇게(クロッケ)───그렇게 맛있으세요?(クロッケ マシッスセヨ)

Ⅱ ①달아요(タラヨ)は「甘いです」、②짜요(チャヨ)は「しょっぱいです」、③싱거워요(シンゴウォヨ)は「薄味です」、④매워요(メウォヨ)は「辛いです」の意味です。

(1) ①달아요(タラヨ).

(2) ④매워요(メウォヨ).

(3) ②짜요(チャヨ).

🇰🇷 韓国まめ知識

　韓国料理というと"辛いもの"と思われていますが、辛くない料理もたくさんあります。「불고기（プルゴギ）」はたれの中に梨をすって入れているので甘みがあります。「칼국수（温麺）（カルグクス）」や「삼계탕（サムゲタン）（ゲタン）」などのスープは辛くないですし、「김밥（のり巻き）（キムパプ）」も辛くありません。それから、家庭料理でもある「잡채（春雨炒め）（チャプチェ）」も辛いものではありません。辛いものが苦手という人は、ぜひこれらの韓国料理を食べてみてください。

食事の感想を話す　29

30日め 値段交渉する

ちょっと安くしてください

CD 30

交渉のフレーズを使いこなして、お得な買い物をしましょう。

今日の例文

マユミ
このチマチョゴリいくらですか？
イ　チマ　　チョゴリ　オルマイェヨ
이 치마, 저고리 얼마예요？
この　スカート　　　上衣　　　いくらですか

男性店員
この韓服（ハンボク）のことですね。15万ウォンです。
イ　ハンボン　マリセヨ　　シボマ　ヌォニムニダ
이 한복 말이세요？ 15 만 원입니다.
この　韓服　ことですか　　15　万　ウォン　です

マユミ
高すぎます。ちょっと安くしてください。
ノム　ピッサヨ　チョム　サゲ　ヘ　ジュセヨ
너무 비싸요. 좀 싸게 해 주세요.
あまりにも　高いです　ちょっと　安く　して　ください

男性店員
じゃあ、今日だけ特別に13万ウォンでいいです。
クロム　オヌルマン　トゥクピョリ　シプサムマ　ヌォネ　ヘ　ドゥリルケヨ
그럼 오늘만 특별히 13 만 원에 해 드릴게요.
じゃあ　今日だけ　特別に　13　万　ウォン　に　して　差し上げます

30日め　ちょっと安くしてください

発音のつぼ

- 얼마예요の「オ」は、「ア」の口の形で「オ」と発音します（少し口を開き気味にして発音します）。「ル」は子音のlなので舌を前歯の後ろにつけて言ってください。「オㇽ」で1音です。
（オㇽマイェヨ）

- 비싸요は「サ」にアクセントをつけて「ッサ」と言います。これは息を吐かずに発音する「濃音」という音です。
（ピッサヨ）

- 싸게 해 주세요の「サゲヘ」の「ヘ」は非常に弱く、「エ」に近い「ヘ」の音になります。「サゲェジュセヨ」と言うつもりで発音してみましょう。
（サゲ ヘ ジュセヨ）

1 「〜ウォンにしてください」とお願いする表現

「〜원으로 해 주세요（〜ウォンにしてください）」という言い方です。数字の聞き取りはとても難しいので、ここでは連音したものを覚えて慣れていきましょう。
（ウォヌロ ヘ ジュセヨ）

このリンゴは3個で3千ウォンです。

이 사과는 세 개에 3천 원입니다.
（イ サグァヌン セ ゲエ サムチョ ヌォニムニダ）

この　リンゴ　は　3　個　で　3千　ウォン　です

4個で3千ウォンにしてください。

네 개에 3천 원으로 해 주세요.
（ネ ゲエ サムチョ ヌォヌロ ヘ ジュセヨ）

4　個　で　3千　ウォン　に　して　ください

値段交渉する

215

2 「1個おまけにしてください」とお願いする表現

「한 개 끼워 주세요（1個おまけにしてください）」という表現です。お土産をまとめ買いするときなど、おまけをサービスしてもらう交渉をしてみましょう。

これはいくらですか？

イゴン オルマイェヨ
이건 얼마예요?

`これは` `いくら` `ですか`

1個で2千ウォンです。

ハンゲエ イチョヌォニエヨ
한 개에 2천 원이에요.

`1` `個` `で` `2` `千` `ウォン` `です`

10個買うから1個おまけにしてください。

ヨルケ サルテニッカ ハンゲ キウォジュセヨ
열 개 살테니까 한 개 끼워 주세요.

`10` `個` `買うから` `1` `個` `挟んで` `ください`

いいでしょう。そうしましょう。

チョアヨ クロッケ ヘヨ
좋아요. 그렇게 해요.

`いいでしょう` `そのように` `しましょう`

30日め ちょっと安くしてください

3 いろいろな買い物交渉の表現

袋をもらったり、送料を聞くフレーズなどもあわせて覚えましょう。

安くしてくれなかったら、買いません。

サゲ ア ネ ジュシミョンアン サル レ ヨ
싸게 안 해 주시면 안 살래요.
安く ない して くれたら ない 買います

大きい袋をいただけますか？

クン ポンジ ジュシ ゲッソ ヨ
큰 봉지 주시겠어요？
大きい 袋 くださいますか

別々に包む袋をください。

タロ ノウル ポンジ ジュセヨ
따로 넣을 봉지 주세요.
別に 入れる 袋 ください

送料はいくらですか？

ソンニョヌン オルマイェヨ
송료는 얼마예요？
送料 は いくらですか

ワンポイント 値段交渉のための表現いろいろ

　市場や個人のお店などでは、ぜひ値引き交渉をしてみてください。苦戦したときは「부탁해요.（お願いします）」や「또 올게요.（また来ます）」などと言ってみるのもひとつの手です。あるいは、「아줌마, 예쁘시네요.（おばさん、きれいですね）」「아저씨, 잘 생기셨네요.（おじさん、かっこいいですね）」などとおだててみるのも効果があるかも…。まけてもらったときは、忘れずに「감사합니다.（ありがとうございます）」とお礼を言いましょう。

値段交渉する

「値段交渉する」のおさらい

I 次の日本語に対応するように、（　）に入る韓国語を①〜④の中から選びましょう。

(1) 韓服（ハンボク）はいくらですか？

　　（　）은 얼마예요？
　　　　ウン オル マイェ ヨ

(2) 送料はいくらですか？

　　（　）는 얼마예요？
　　　　ヌン オル マイェ ヨ

①한복　　②이건　　③송료　　④봉지
　ハンボク　　イゴン　　ソンニョ　　ポンジ

II 次の日本語に対応する韓国語として、ふさわしいものをそれぞれ①〜②から選びましょう。

(1) ちょっと安くしてください。
　　①좀 싸게 해 주세요.　②따로 넣을 봉지 주세요.
　　　チョム サゲ ヘ ジュセヨ　　タロ ノウル ポンジ ジュセヨ

(2) 1個おまけにしてください。
　　①한 개 빼 주세요.　②한 개 끼워 주세요.
　　　ハン ゲ ペ ジュセヨ　　ハン ゲ キウォ ジュセヨ

(3) 3千ウォンにしてください。
　　①삼천 원으로 해 주세요.　②사천 원으로 해 주세요.
　　　サムチョヌォヌロ ヘ ジュセヨ　　サチョヌォヌロ ヘ ジュセヨ

30日め ちょっと安くしてください

答 え と 解 説

I 「얼마예요？(いくらですか？)」を使って、物の値段を聞いてみましょう。

(1) ①한복───한복은 얼마예요？
韓国ではチマチョゴリとは言わず、「韓服（ハンボク）」と言います。

(2) ③송료───송료는 얼마예요？
②이건は「これは」で、이건 얼마예요？で「これはいくらですか？」となります。④봉지は「袋」です。

II 買いもので使えるフレーズを覚えましょう。

(1) ①좀 싸게 해 주세요．
②따로 넣을 봉지 주세요．は、「別々に包む袋をください」です。

(2) ②한 개 끼워 주세요．
끼워 주세요の直訳は「挟んでください」です。①한 개 빼 주세요．は「1個取り出してください」です。

(3) ①삼천 원으로 해 주세요．
①の「삼천 원（3千ウォン）」と②の「사천 원（4千ウォン）」の発音は似ているので気をつけましょう。

値段交渉する

27-30日め 練習問題

力がついたか腕だめし！

1 次の日本語に対応するように、（　）に入る韓国語を①〜④の中から選びましょう。

(1) なぜ日本語を勉強されているのですか？
（　　）（　ルル コン ブ ハ セ ヨ　）를 공부하세요？

(2) 日本のドラマを見たいからです。
（　　）　ドゥラ マ ルル ポ ゴ シプ コ ドゥン ニョ
드라마를 보고 싶거든요.

① 일본어 （イルボノ）　② 일본 （イルボン）　③ 왜 （ウェ）　④ 네 （ネ）

2 ①〜④の単語がそれぞれ（1）（2）のどちらに入るか選びましょう。

(1) （　　）를 가르쳐 주세요. ルル カルチョジュセヨ

(2) （　　）을 가르쳐 주세요. ウル カルチョジュセヨ

① 길 （キル）（道）　② 이름 （イルム）（名前）
③ 전화번호 （チョナボノ）（電話番号）　④ 주소 （ジュソ）（住所）

27–30日め 練習問題

3 次の韓国語の質問文に対する返答として、不適切なものを①～③の中から一つ選びましょう。

(1) 맛이 어떠세요 ?
<small>マシ オットセヨ</small>

　①너무 매워요. ②맛있어요. ③너무 비싸요.
　<small>ノム メウォヨ</small>　<small>マシッソヨ</small>　<small>ノム ピッサヨ</small>

(2) 집이 어디세요 ?
<small>チビ オディセヨ</small>

　①네 명이에요. ②서울이에요. ③요코하마예요.
　<small>ネ ミョンイエヨ</small>　<small>ソウリエヨ</small>　<small>ヨコハマイェヨ</small>

4 次の日本語に対応するように、(　) に入る韓国語を①～④の中から選びましょう。

(1) これはいくらですか？
　이건 (　　　) ?
　<small>イゴン</small>

(2) ちょっと安くしてください。
　좀 (　　) 해 주세요.
　<small>チョム</small>　<small>ヘ ジュセヨ</small>

　①얼마예요　②맛있게　③일이에요　④싸게
　<small>オルマイェヨ</small>　<small>マシッケ</small>　<small>イリエヨ</small>　<small>サゲ</small>

221

27-30日め 解答解説

> まちがえたら見直そう！

1 「왜（なぜ）」を使って理由を聞く表現です。

(1) (③왜) (①일본어)를 공부하세요 ?
（なぜ日本語を勉強されているのですか？）

③왜は「なぜ」、①일본어は「日本語」です。④네は「はい」。

(2) (②일본) 드라마를 보고 싶거든요 .
（日本のドラマを見たいからです）

②일본は「日本」です。「なぜ？」と聞かれたら「～고 싶거든요 .（～したいからです）」と答えましょう。

2 을と를の使い方の違いを覚えましょう。

(1) (③전화번호)를 가르쳐 주세요 .（電話番号を教えてください）

(④주소)를 가르쳐 주세요 .（住所を教えてください）

どちらもパッチムがないので、를がつきます。

(2) (①길)을 가르쳐 주세요 .（道を教えてください）

(②이름)을 가르쳐 주세요 .（名前を教えてください）

パッチムがある単語には을がつきます。それぞれ連音して、길을、이름을という発音になります。

27-30日め 練習問題

3 味や家族のことについて答えられるようになりましょう。

(1) ③**너무 비싸요.**（高すぎます）
　　맛이 어떠세요? は「味はどうですか？」。①**너무 매워요.** は「とても辛いです」、②**맛있어요.** は「おいしいです」になります。

(2) ①**네 명이에요.**（4人です）
　　집이 어디세요? は「家はどこですか？」。②**서울이에요.** は「ソウルです」、③**요코하마예요.** は「横浜です」になります。

4 ②**맛있게** は「おいしく」、③**일이에요** は「仕事です」です。

(1) **이건 (①얼마예요)?**（これはいくらですか？）
　　①**얼마예요?** は「いくらですか？」です。

(2) **좀 (④싸게) 해 주세요.**（ちょっと安くしてください）
　　④**싸게** は「安く」です。**좀** は「少し」ですが、ここでは相手にお願いをするときの「ちょっと」として使われています。

表現のまとめ

- **왜 ～하세요?**（なぜ～されているのですか？）⇒ 27日め参照。
- **～ 가르쳐 주세요**（～教えてください）⇒ 28日め参照。
- **～ 어떠세요?**（～どうですか？）⇒ 29日め参照。

● 著者プロフィール ●

鄭　惠賢（ジョン　ヘヒョン）
2000年に来日、日本語学校にて日本語を学ぶ。その後、関東学院大学文学部比較文化学科に入学、2005年卒業。同大学在学中より、韓国語センターBRAVO!の創立メンバーとして韓国語講師を始める。韓国語センターBRAVO!在籍中に専任講師のかたわら韓国語学習書籍を多数執筆。(現在、韓国語センター退職)

韓国語センターBRAVO!
2004年、横浜市に開校。現在、横浜西口校、本厚木校にて、実際に使える韓国語を教えることをモットーに、ネイティブ講師陣による少人数制授業を実施している。

● スタッフ ●

コーディネート	安才由紀恵
韓国語ナレーション	盧　孝斌（ノ　ヒョビン）
	柳　娟児（ユ　ヨナ）
日本語ナレーション	矢嶋美保
本文イラスト	イワミ＊カイ
編集協力・本文デザイン	株式会社エディポック
編集担当	斉藤正幸（ナツメ出版企画株式会社）

ナツメ社Webサイト
http://www.natsume.co.jp
書籍の最新情報(正誤情報を含む)はナツメ社Webサイトをご覧ください。

30日で話せる韓国語会話

2009年　7月27日　初版発行
2020年　6月20日　第18刷発行

著　者　鄭　惠賢（ジョン　ヘヒョン）
　　　　韓国語センターBRAVO!
発行者　田村正隆

© Joung Hyehyon, 2009
© EST Co., Ltd., 2009

発行所　株式会社ナツメ社
　　　　東京都千代田区神田神保町1-52　ナツメ社ビル1F（〒101-0051）
　　　　電話　03（3291）1257（代表）　FAX　03（3291）5761
　　　　振替　00130-1-58661
制　作　ナツメ出版企画株式会社
　　　　東京都千代田区神田神保町1-52　ナツメ社ビル3F（〒101-0051）
　　　　電話　03（3295）3921（代表）
印刷所　有限会社ラン印刷社

ISBN978-4-8163-4746-7　　　　　　　　　　　　　　　Printed in Japan

〈定価はカバーに表示してあります〉
〈乱丁・落丁本はお取り替えします〉

本書の一部または全部を著作権法で定められている範囲を超え、ナツメ出版企画株式会社に無断で複写、複製、転載、データファイル化することを禁じます。

30日で話せる韓国語会話

［別冊付録］
イラスト単語集

ナツメ社

別冊付録
イラスト単語集
CONTENTS

I シーン別単語集
- 1 空港 ……………………………………… 2
- 2 道案内 …………………………………… 6
- 3 観光地 …………………………………… 10
- 4 食事 ……………………………………… 20
- 5 ショッピング …………………………… 26

II お役立ち単語集
- 1 固有数詞 ………………………………… 30
- 2 漢数詞 …………………………………… 31
- 3 カレンダー ……………………………… 32

I シーン別単語集

1 공항
空港

パスポート
ヨックォン
여권

税関
セグァン
세관

関税
クァンセ
관세

入国の目的は何ですか？
イブク ゲ モクチョグン ム オ シム ニッカ
입국의 목적은 무엇입니까？

入国審査
イブクゥ シム サ
입국심사

観光です。
クァングァン イム ニ ダ
관광입니다．

搭乗口
タプスン グ
탑승구

航空会社
ハンゴン フェ サ
항공 회사

乗り継ぎ
ファン スン
환승

大韓航空のカウンターはどこですか？
テ ハ ナンゴン カ ウン ト ヌン オ ディ イェ ヨ
대한항공 카운터는 어디예요？

Ⅰ シーン別単語集

1 空港

- トイレ / 화장실 (ファジャンシル)
- 両替所 / 환전소 (ファンジョン ソ)
- 出口 / 출구 (チュルグ)
- 男子トイレ / 남자 화장실 (ナムジャ ファジャンシル)
- 女子トイレ / 여자 화장실 (ヨジャ ファジャンシル)
- 荷物保管所 / 수하물 보관소 (スハムル ボグァンソ)
- 荷物 / 짐(가방) (チム/カバン)
- スーツケース / 트렁크 (トゥロンク)
- 免税店 / 면세점 (ミョンセジョム)

私の荷物がありません。
제 짐이 없는데요.
(チェ チミ オムヌンデヨ)

あの、すみません。
저, 죄송한데요.
(チョ チェソンハンデヨ)

はい、何でしょうか？
네, 무슨 일이세요?
(ネ ムスン ニリセヨ)

飛行機 ピ ヘン ギ 비행기	国際線 クッ チェ ソン 국제선	国内線 クン ネ ソン 국내선
	チケット（航空券） ハン ゴン クォン 항공권	入国カード イプ クッ カ ドゥ 입국카드
観光 クァングァン 관광	ビジネス ピ ズ ニ ス 비즈니스	留学 ユ ハク 유학
勉強 コン ブ 공부	行く カ ダ 가다	帰る トラオダ 돌아오다
滞在する チェ ジェ ハ ダ 체재하다	帰国する クィグッ カ ダ 귀국하다	入国する イプ クッ カ ダ 입국하다
外国人 ウェ グ ギン 외국인	手荷物 ス ハ ムル 수하물	貴重品 クィジュンプム 귀중품
カメラ カ メ ラ 카메라	タバコ タム ベ 담배	携帯電話 ヘン ドゥ ポン 핸드폰
化粧品 ファジャンプム 화장품	常備薬 サン ビ ヤッ 상비약	

お土産 ソン ムル **선물**	申告する シン ゴ ハ ダ **신고하다**	持っていく カ ジ ゴ ガ ダ **가지고 가다**
預ける マッ キ ダ **맡기다**	受け取る パッ タ **받다**	送る ポ ネ ダ **보내다**
案内所 アン ネ ソ **안내소**	待合室 テ ハㇷ゚ シル **대합실**	売店 メ ジョム **매점**
パイロット パ イル ロッ **파일럿**	タクシー テㇰ シ **택시**	リムジンバス リム ジン ボ ス **리무진버스**
乗る タ ダ **타다**	降りる ネ リ ダ **내리다**	

タクシー乗り場はどこですか？
テㇰ シ タ ヌン ゴ スン オ ディ イェ ヨ
택시 타는 곳은 어디예요？

両替所はどこですか？
ファンジョン ソ ヌン オ ディ イェ ヨ
환전소는 어디예요？

特に申告するものはありません。
トゥㇰピョ リ シン ゴ ハル ムル ゴ ヌン オㇷ゚ スム ニ ダ
특별히 신고할 물건은 없습니다．

2 길 안내
道案内

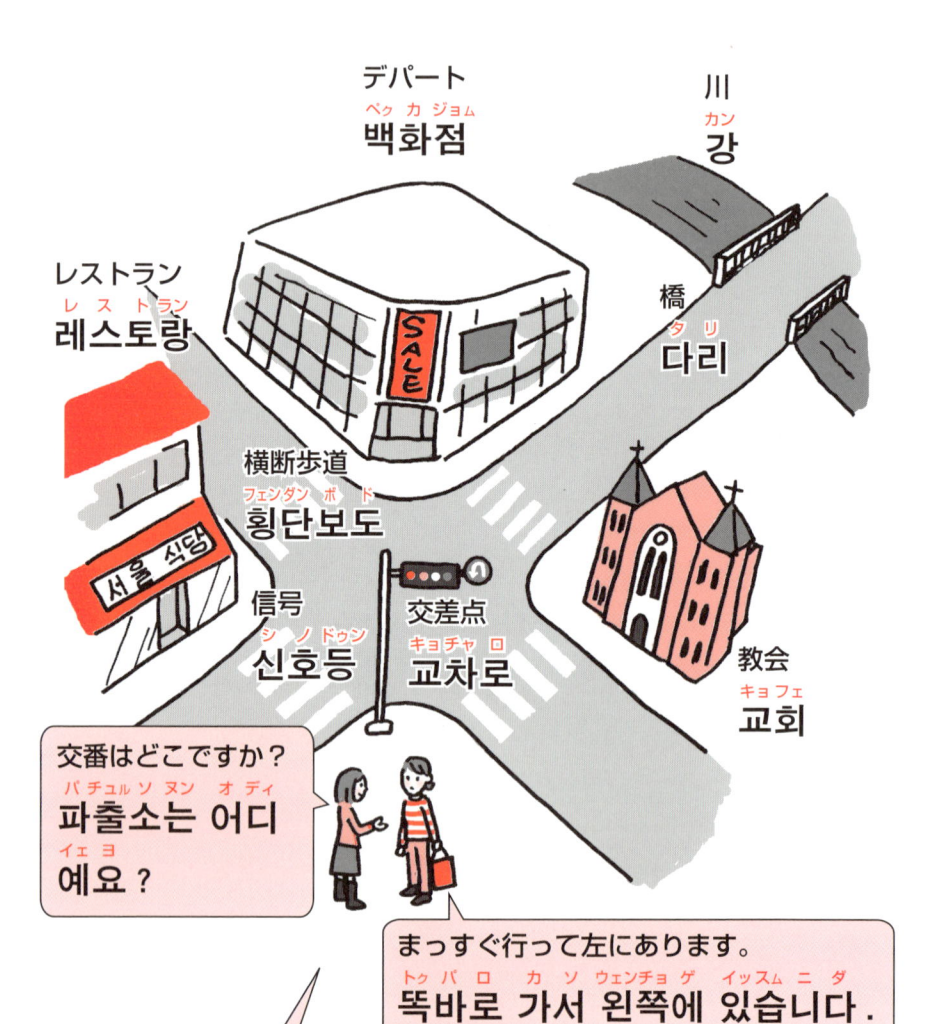

デパート
백화점

川
강

レストラン
레스토랑

橋
다리

横断歩道
횡단보도

서울 식당

信号
신호등

交差点
교차로

教会
교회

交番はどこですか？
파출소는 어디예요？

まっすぐ行って左にあります。
똑바로 가서 왼쪽에 있습니다.

わかりました。
どうもありがとうございます。
알겠습니다. 감사합니다.

I　シーン別単語集

2　道案内

あのバスに乗ってください。
チョ ボスルル タセヨ
저 버스를 타세요.

ここを右に曲がります。
ヨギソ オルンチョグロ トラヨ
여기서 오른쪽으로 돌아요.

まっすぐです。
トゥ バ ロ イェヨ
똑바로예요.

はい、わかりました。
ネ アルゲッスムニダ
네, 알겠습니다.

1万ウォン、チャージしてください。
マノン チュンジョネ ジュセヨ
만원 충전해 주세요.

窓口
チャング
창구

駅員
ヨン ム ウォン
역무원

切符売り場
メ ピョ ソ
매표소

〜行き
ヘン
〜행

出口
チュルグ
출구

一号線
イ ロ ソン
1호선

改札口
ケ チャルグ
개찰구

予約する イェヤㇰカダ 예약하다	指定席 チジョンソㇰ 지정석	自由席 チャユソㇰ 자유석
片道 ピョンド 편도	往復 ワンボㇰ 왕복	地下鉄に乗る チハチョル㣟 タダ 지하철을 타다
駅 ヨㇰ 역	バス停 ポスジョンニュジャン 버스정류장	バスターミナル ポストミノル 버스터미널
乗り換え カラタダ 갈아타다	回数券 フェスクォン 회수권	T money（交通カード） ティモニ キョトンカドゥ 티머니（교통카드） ＊日本のSuicaやICOCAなどと同じようなものです。
大通り クンギル 큰길	警察 キョンチャル 경찰	
郵便局 ウチェグㇰ 우체국	銀行 ウネン 은행	コンビニ ピョニジョム 편의점
左に曲がる ウェンチョㇰ ウロ ドルダ 왼쪽으로 돌다	右に曲がる オルンチョㇰ ウロ ドルダ 오른쪽으로 돌다	まっすぐ行く トㇰパロ カダ 똑바로 가다
お尋ねしたいのですが。 マルスム チョム ムッケッスムニダ 말씀 좀 묻겠습니다.	○○はここから遠いですか？ ヌン ヨギエソ モムニッカ ○○는 여기에서 멉니까？	

I シーン別単語集 2 道案内

（地図を見ながら）今、私はどこにいますか？
지금 제가 있는 곳은 어디예요?

地図を書いてください。
지도를 그려 주세요.

そこまで歩いて行けますか？
거기까지 걸어갈 수 있어요?

ここはインサドン通りですか？
여기는 인사동길이에요?

近くに銀行はありますか？
근처에 은행이 있어요?

地下鉄の駅はどこですか？
지하철 역은 어디예요?

バス停はどこですか？
버스정류장은 어디예요?

この電車は水原駅まで行きますか？
이 기차는 수원역까지 가요?

バスで5つ目です。
버스로 5번째예요.

歩いて10分です。
걸어서 10분이에요.

道を教えてくださいますか？
길 좀 가르쳐 주시겠어요?

はい。
네.

3 관광지
観光地

ソウル市内① 明洞 명동

ソウル市庁
서울시청

今いる場所はどこですか？
지금 있는 장소는 어디입니까？

このあたりです。
이 근처입니다.

明洞聖堂
명동성당

ロッテ百貨店
롯데백화점

ミリオレ明洞店
밀리오레 명동점

中に入ることはできますか？
안에 들어갈 수 있습니까？

明洞駅はどこですか？
명동역은 어디입니까？

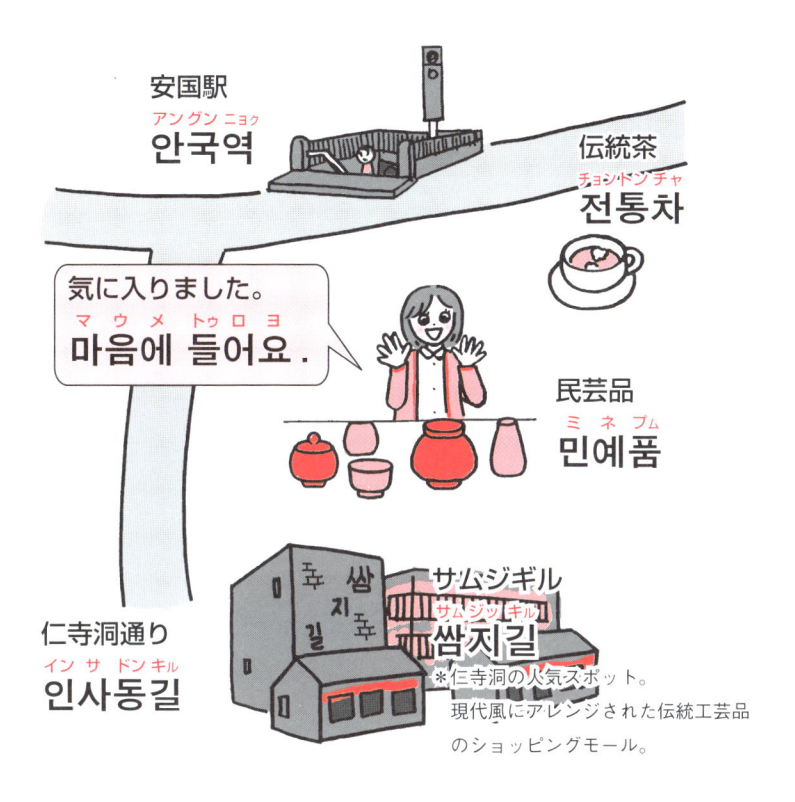

ソウル市内② 仁寺洞　인사동(インサドン)

安国駅
アングン ニョク
안국역

伝統茶
チョントンチャ
전통차

気に入りました。
マウメ トゥロヨ
마음에 들어요．

民芸品
ミネプム
민예품

仁寺洞通り
インサドンキル
인사동길

サムジギル
サムジッキル
쌈지길

＊仁寺洞の人気スポット。現代風にアレンジされた伝統工芸品のショッピングモール。

タプゴル公園
タプコル ゴンウォン
탑골공원

雲峴宮
ウニョングン
운현궁

きれいです。
イェップムニダ
예쁩니다．

写真を撮ってください。
サジヌル チゴ ジュセヨ
사진을 찍어 주세요．

I シーン別単語集

3 観光地

11

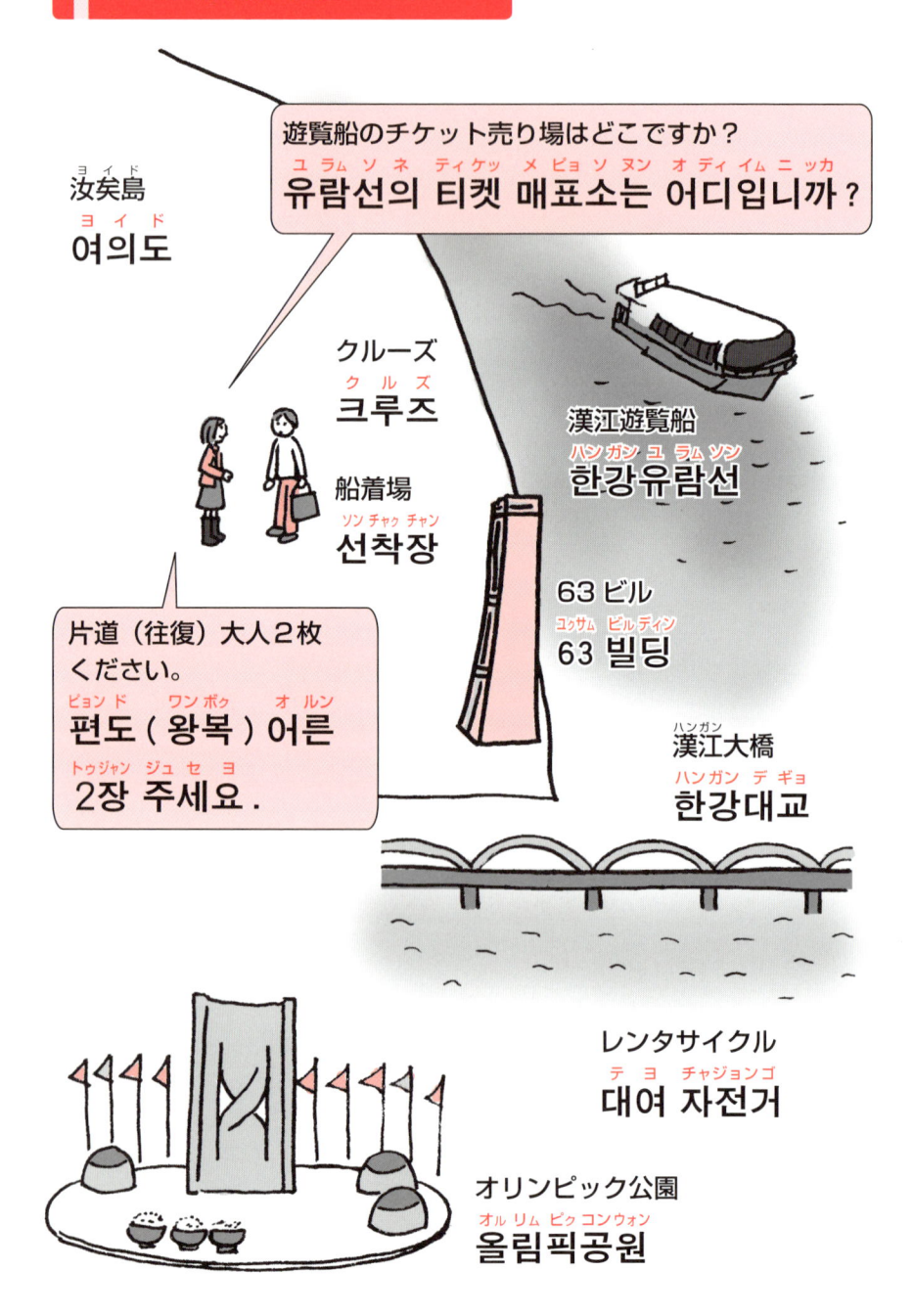

ソウル市内③　漢江　한강

汝矣島
ヨイド
여의도

遊覧船のチケット売り場はどこですか？
ユ ラム ソ ネ　ティケッ　メ ピョ ソ ヌン　オ ディ イム ニッカ
유람선의 티켓 매표소는 어디입니까？

クルーズ
クルズ
크루즈

船着場
ソン チャヶ チャン
선착장

漢江遊覧船
ハンガン ユ ラム ソン
한강유람선

63ビル
ユヶサム　ビルディン
63 빌딩

片道（往復）大人2枚ください。
ピョンド　ワンボヶ　オルン
편도 (왕복) 어른
トゥジャン　ジュ セ ヨ
2장 주세요.

漢江大橋
ハンガン デ ギョ
한강대교

レンタサイクル
テ ヨ　チャジョンゴ
대여 자전거

オリンピック公園
オルリム ピヶ コンウォン
올림픽공원

ソウル市内④　Nソウルタワー　N 서울타워

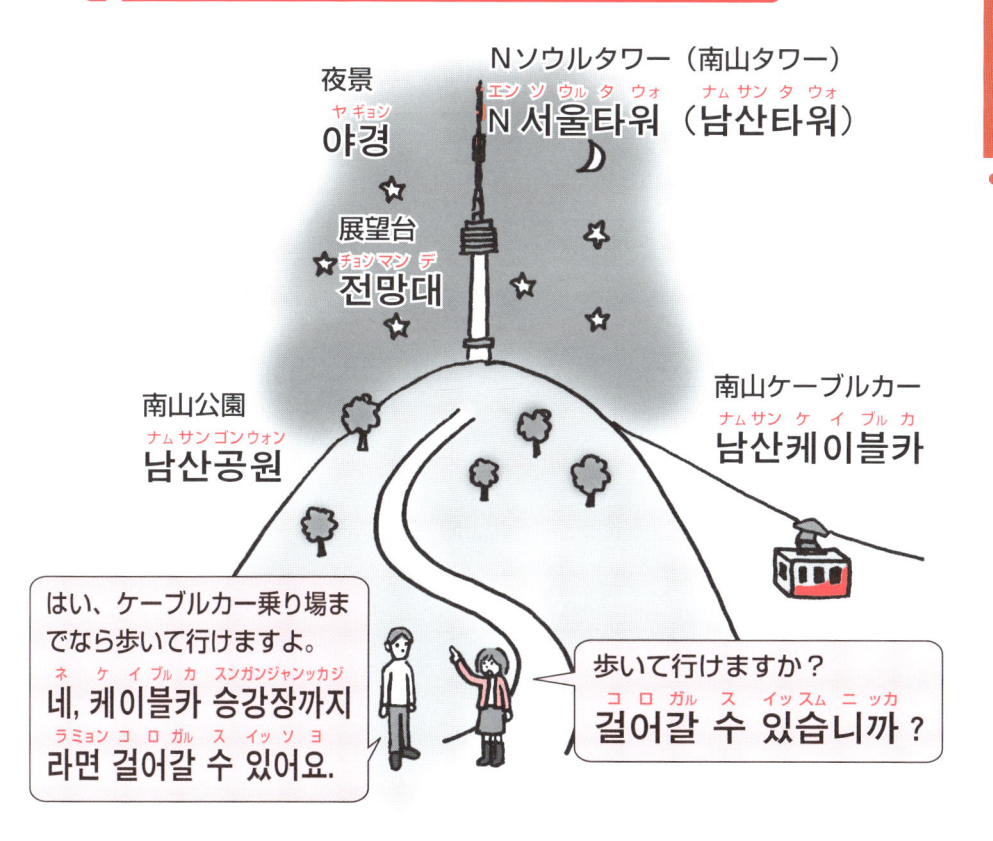

Nソウルタワー（南山タワー）
N 서울타워 （남산타워）

夜景
야경

展望台
전망대

南山公園
남산공원

南山ケーブルカー
남산케이블카

はい、ケーブルカー乗り場までなら歩いて行けますよ。
네, 케이블카 승강장까지라면 걸어갈 수 있어요.

歩いて行けますか？
걸어갈 수 있습니까?

南山韓屋マウル
남산한옥마을

八角亭
팔각정

I シーン別単語集

3 観光地

13

地方都市

春川
チュンチョン
춘천

仁川
インチョン
인천

水原
スウォン
수원

楽しい！
チュルゴプ タ
즐겁다！

安東
アンドン
안동

大田
テジョン
대전

大邱
テグ
대구

慶州
キョンジュ
경주

全州
チョンジュ
전주

釜山
ブサン
부산

済州島
チェジュド
제주도

地図 チ ド 지도	日本語ガイド イルポノ ガイドゥ 일본어 가이드	観光案内所 クァングァンアンネソ 관광안내소
無料 ム リョ 무료	有料 ユ リョ 유료	運賃 ウ ニム 운임
ツアー トゥ オ 투어	博物館 パンムルグァン 박물관	美術館 ミ スルグァン 미술관
伝統文化 チョントン ム ヌァ 전통문화	立ち入り禁止 チュリフ クム ジ 출입 금지	撮影禁止 チャリョン グム ジ 촬영 금지
行きたいです。 カゴ シフスムニダ 가고 싶습니다.	また来ます。 ト オルケヨ 또 올게요.	

写真を撮ってもいいですか？ サジン チゴド ドェヨ 사진 찍어도 돼요？	入ってもいいですか？ トゥロガド ドェヨ 들어가도 돼요？

大人2枚、子ども1枚ください。
オルン トゥジャン アイ ハンジャン ジュセヨ
어른 2장, 아이 1장 주세요.

時間はどのくらいかかりますか？
シガヌン オヌ ジョンド コルリムニッカ
시간은 어느 정도 걸립니까？

I シーン別単語集

3 観光地

宮／劇場

次の日本語ガイドは何時からですか？
다음 일본어 가이드는 몇 시부터입니까？

昌徳宮
창덕궁

徳寿宮
덕수궁

景福宮
경복궁

座席
좌석

観劇料
관람료

プログラム
프로그램

今日は終わりましたか？
오늘은 끝났습니까？

大人1枚ください。
어른 1장 주세요.

公演開始時間
공연 시작 시간

休館日
휴관일

パンフレット
팜플렛

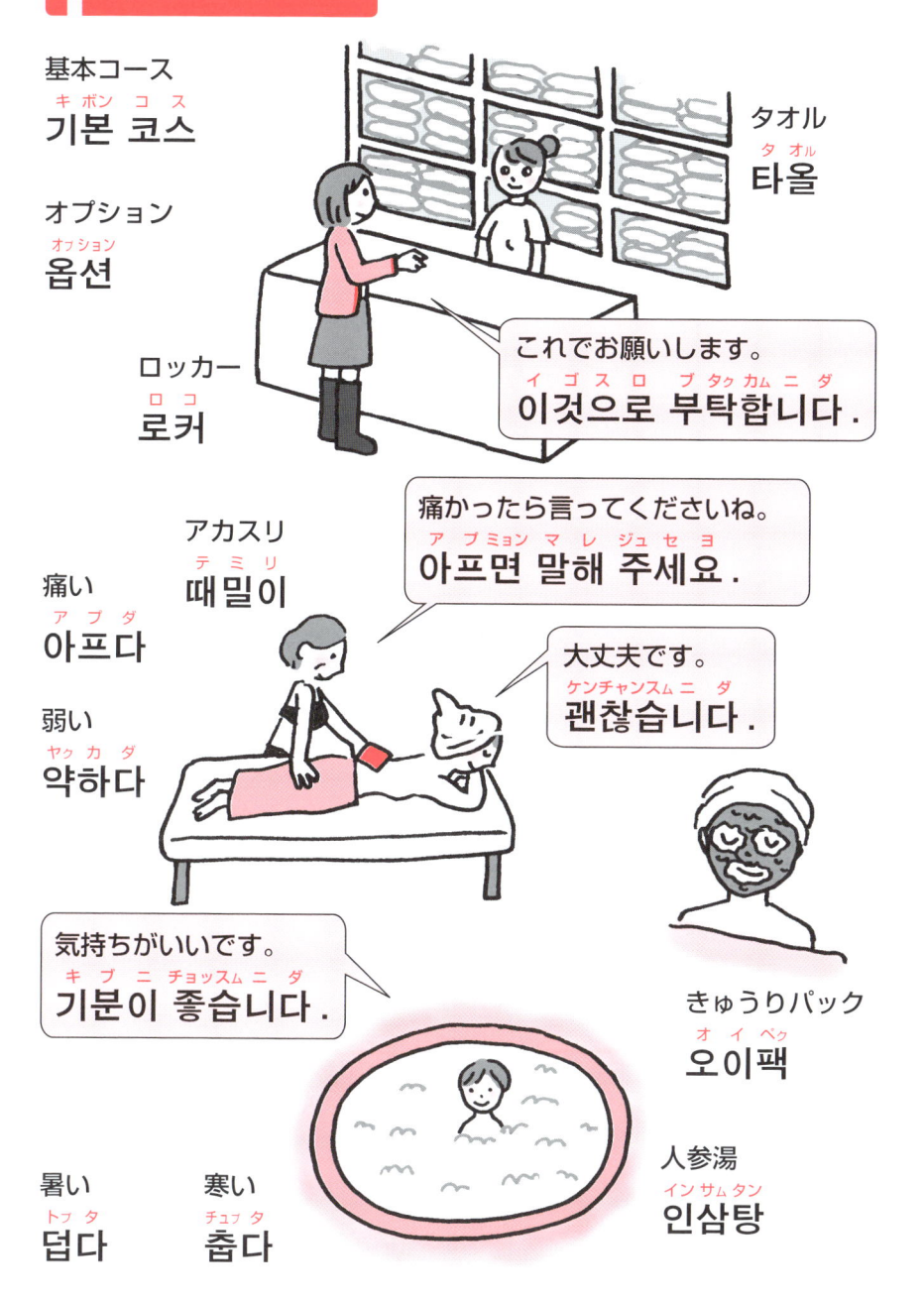

汗蒸幕／エステ
ハンジュンマク

基本コース
キ ボン コ ス
기본 코스

オプション
オプション
옵션

ロッカー
ロ コ
로커

タオル
タ オル
타올

これでお願いします。
イ ゴ ス ロ ブ タ ク カ ム ニ ダ
이것으로 부탁합니다.

アカスリ
テ ミ リ
때밀이

痛い
ア プ ダ
아프다

弱い
ヤッ カ ダ
약하다

痛かったら言ってくださいね。
ア プ ミョン マ レ ジュ セ ヨ
아프면 말해 주세요.

大丈夫です。
ケンチャンスム ニ ダ
괜찮습니다.

気持ちがいいです。
キ ブ ニ チョッスム ニ ダ
기분이 좋습니다.

きゅうりパック
オ イ ペク
오이팩

暑い
トプ タ
덥다

寒い
チュプ タ
춥다

人参湯
インサム タン
인삼탕

I シーン別単語集

3 観光地

17

| 入場時間
イプチャン シ ガン
입장 시간 | 入場料
イプチャン ニョ
입장료 | 入り口
イプ ク
입구 |

（パンフレットを見ながら）この写真の建物はあれですか？
イ サジン ソゲ コンムルン チョゴ シムニッカ
이 사진 속의 건물은 저것입니까？

一周まわるのに、どれくらいかかりますか？
ハン バクィ ド ヌンデ オルマナ ゴルリムニッカ
한 바퀴 도는데 얼마나 걸립니까？

出口はどちらですか？
チュル グ ヌン オ ヌッチョギム ニッカ
출구는 어느쪽입니까？

パンソリ
パン ソ リ
판소리
＊一人の歌い手が太鼓の伴奏に合わせて歌とせりふ、身振りで物語を語っていく伝統芸能。

サムルノリ
サ ム ル ロ リ
사물놀이
＊4つの民族打楽器による演奏。

農楽
ノン アゥ
농악
＊笛、太鼓、ドラなどをはやしながら踊る民俗芸能。

素晴らしかったです。
クェンジャンヘッ ソ ヨ
굉장했어요．

感動しました。
カム ドンヘッ ソ ヨ
감동했어요．

演劇 ヨン グゥ 연극	歌 ノ レ 노래	舞踊 ム ヨン 무용
歌手 カ ス 가수	伝統舞踊 チョントン ム ヨン 전통무용	
幕間 マゥ カン 막간	開館 ケ グァン 개관	閉館 ペ グァン 폐관

公演スケジュールを教えてください。
コン ヨン イル チョン ウル カル チョ ジュ セ ヨ
공연 일정을 가르쳐 주세요.

席は決まっていますか？
チャ リ ヌン ジョン ヘ ジョ イッスム ニッカ
자리는 정해져 있습니까？

よもぎ蒸し スゥ チム ジルバン チュアヨゥ 쑥찜질방／좌욕	人参パック イン サム ペゥ 인삼팩	石こうマスク ソゥ コ マ ス ク 석고마스크
産毛そり ソム トゥル ジェ ゴ 솜털제거	マッサージ マッ サ ジ 맛사지	指圧 チ アㇷ゚ 지압

あまり痛くしないでください。
ノ ム ア プゲ ハ ジ マ セ ヨ
너무 아프게 하지 마세요.

Ⅰ シーン別単語集

3 観光地

19

4 식사
食事

食堂

おいしくしてくださいね。
맛있게 해 주세요.
(マシッケ ヘ ジュセヨ)

おいしく召し上がってください。
맛있게 드세요.
(マシッケ ドゥセヨ)
＊あいさつとしてよく使います。

日本語メニュー
일본어 메뉴 (イルボノ メニュ)

お水
물 (ムル)

冷麺
냉면 (ネンミョン)

韓国風うどん
칼국수 (カルグクス)

石焼ビビンバ
돌솥비빔밥 (トルソッ ピビムパプ)

生ビール
생맥주 (センメクチュ)

参鶏湯
삼계탕 (サムゲタン)

サムギョプサル
삼겹살 (サムギョプサル)

焼酎
소주 (ソジュ)

海鮮鍋
해물탕 (ヘムルタン)

部隊鍋
부대찌개 (プデッチゲ)

20

はし
チョッカラㇰ
젓가락

スプーン
スッカラㇰ
숟가락

お皿
チョㇷ゚シ
접시

すみませ〜ん！
ヨギヨ
여기요.
＊お店の人を呼ぶときに使います。

おかわりをください。
トジュセヨ
더 주세요.

辛くしないでください。
アン メㇷ゚ケ ヘ ジュセヨ
안 맵게 해 주세요.

これは注文していません。
イゴン チュムン ア ネッソヨ
이건 주문 안 했어요.

ごちそうさまでした。
チャル モゴッスㇺニダ
잘 먹었습니다.

現金
ヒョングㇺ
현금

領収書
ヨンスジュン
영수증

お会計してください。
ケサネ ジュセヨ
계산해 주세요.

会計が違っているようですが…。
ケサニ チャイガ ナヌンデヨ
계산이 차이가 나는데요.

Ⅰ シーン別単語集

4 食事

宮廷料理・伝統茶

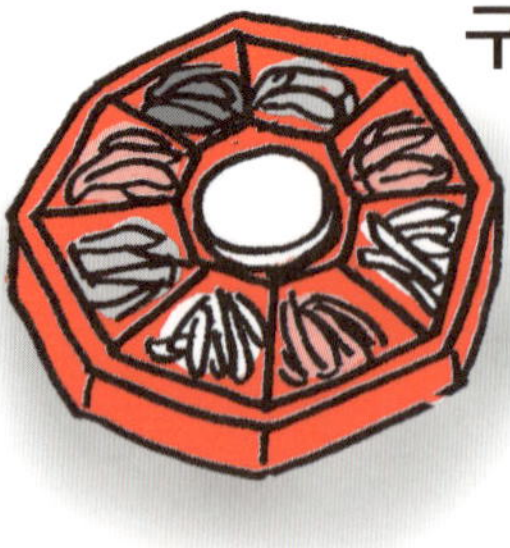

九節板
ク ジョルパン
구절판

神仙炉
シン ソル ロ
신선로

水キムチ
ムル ギム チ
물김치

宮廷料理
クンジュン ニョ リ
궁중요리

お粥
チュク
죽

えびの焼き物
セウグイ
새우구이

薬菓
ヤク クァ
약과

水昌果
ス ジョングァ
수정과

五味子茶
オ ミ ジャチャ
오미자차

シッケ
シ ッケ
식혜

餅
トク
떡

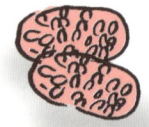

餅米の揚げ菓子
カン ジョン
강정

＊餅米と麦芽のジュース。

屋台

おいしかったです。
맛있었습니다. (マ シッソッスムニダ)

- 豚の腸詰め — 순대 (スンデ)
- おでん — 오뎅 (オデン)
- マッコリ — 막걸리 (マクコルリ)
- ネギチヂミ — 파전 (パジョン)
- 春雨炒め — 잡채 (チャプチェ)
- 焼き鳥 — 닭꼬치 (タッコッチ)

持ち帰ってもいいですか？
싸 가지고 가도 괜찮습니까? (サ ガジゴ カド ケンチャンスムニッカ)

おいしそう！
맛있겠다! (マ シッケッタ)

- かるめ焼き — 달구나 (タルグナ)
- さつまいもの素揚げ — 고구마스틱 튀김 (コグマスティク トゥィギム)
- 黒砂糖入りおやき — 호떡 (ホットク)
- 鯛焼き — 붕어빵 (プンオッパン)
- 餅の甘辛炒め — 떡볶이 (トクポッキ)
- 海苔巻 — 김밥 (キムパプ)
- 蚕のさなぎ — 번데기 (ポンデギ)

Ⅰ シーン別単語集　4 食事

牛肉 ス ェ ゴ ギ 쇠고기	豚肉 ト ェ ジ ゴ ギ 돼지고기	鶏肉 タ ッ コ ギ 닭고기
卵 ケ ラン　タル ギャル 계란／달걀	たこ ナ ッ チ 낙지	いか オ ジン オ 오징어
かに ケ 게		えび セ ウ 새우
じゃがいも カ ム ジャ 감자	大根 ム 무	ねぎ パ 파
サンチュ サン チュ 상추	ごまの葉 ケン ニ ㇷ゚ 깻잎	にんにく マ ヌ ル 마늘
野菜のあえもの ナ ム ル 나물	大根キムチ カ ㇰ トゥ ギ 깍두기	白菜キムチ ペ チュ ギ ム チ 배추김치
さしみ フェ 회	ユッケ ユ ㇰ クェ 육회	豆腐チゲ スン ドゥ ブ ッ チ ゲ 순두부 찌개
牛煮込みスープ ソ ル ロン タン 설렁탕	カムジャタン カ ム ジャ タン 감자탕	

I シーン別単語集

4 食事

うどん ウドン **우동**	ラーメン ラミョン **라면**	餃子 マンドゥ **만두**
ご飯 パプ **밥**	醤油 カンジャン **간장**	味噌 テンジャン **된장**
塩 ソグム **소금**	砂糖 ソルタン **설탕**	ごま油 チャムギルム **참기름**
おいしい マシッタ **맛있다**	辛い メプタ **맵다**	すっぱい シダ **시다**
甘い タルダ **달다**	たくさん マニ **많이**	少し チョグム **조금**
くだもの クァイル **과일**	お菓子 クァジャ **과자**	

おなかいっぱいです。
ペブルロヨ
배불러요.

○人前ください。
インブン ジュセヨ
○인분 주세요.

すごくおいしい。
トゥリ モクタ ハナガ チュゴド モルゲッタ
둘이 먹다 하나가 죽어도 모르겠다.
＊直訳すると「二人で食べていて一人が死んでもわからない」という意味です。

5 쇼핑
ショッピング

- ワンピース 원피스
- カーディガン 가디건
- セーター 스웨터
- コート 코트
- スカート 스커트
- ブラウス 블라우스
- ジャケット 재킷
- Tシャツ 티셔츠
- シャツ 셔츠
- スーツ 양복
- ズボン 바지
- ネクタイ 넥타이

5 ショッピング

- 指輪 / 반지 [パンジ]
- ネックレス / 목걸이 [モクコリ]
- 耳飾り（イヤリング・ピアス）/ 귀걸이 [クィゴリ]
- 帽子 / 모자 [モジャ]
- ハンカチ / 손수건 [ソンスゴン]
- スカーフ / 스카프 [スカプ]
- 手袋 / 장갑 [チャンガプ]

靴売り場はどこですか？
신발은 어디서 팔아요? [シンバルン オディソ パラヨ]

こちらです。
여기서 팔아요. [ヨギソ パラヨ]

- ハンドバッグ / 핸드백 [ヘンドゥベク]
- かばん / 가방 [カバン]
- パンプス / 단화 [タノァ]
- サンダル / 샌들 [センドゥル]
- スニーカー / 운동화 [ウンドンファ]
- 紳士靴 / 신사화 [シンサファ]

27

ストライプ ストゥライプ 스트라이프	水玉 ムルバンウル 물방울	チェック チェク 체크
	花柄 コンムニ 꽃무늬	無地 ムジ 무지
白 ヒンセク 흰색	黒 コムンセク 검은색	茶 カルセク 갈색
赤 パルガンセク 빨간색	青 パランセク 파란색	緑 チョロクセク 초록색
オレンジ チュファンセク 주황색	黄 ノランセク 노란색	紫 ポラセク 보라색
グレー フェセク 회색	ゴールド クムセク 금색	シルバー ウンセク 은색
半そで パンパル 반팔	長そで キンパル 긴팔	Vネック ブイネク V넥
		靴下 ヤンマル 양말

I シーン別単語集

5 ショッピング

試着する イボ ボダ **입어 보다**	着る イプタ **입다**	履く シンタ **신다**
（値段が）高い ピッサダ **비싸다**	安い サダ **싸다**	買う サダ **사다**
似合う オウルリダ **어울리다**	選ぶ コルダ **고르다**	返却する パンプマダ **반품하다**
大きい クダ **크다**	小さい チャクタ **작다**	サイズ サイズ **사이즈**

試着してもいいですか？
イボ ヴァド ドェヨ
입어 봐도 돼요?

プレゼント用に包んでください。
ソンムルリョン ウロ サ ジュセヨ
선물용으로 싸 주세요.

色違いがほしいのですが。
タン セッカルル サゴ シップンデヨ
딴 색깔을 사고 싶은데요.

何色がよろしいですか？
オットン セッカリ チョウセヨ
어떤 색깔이 좋으세요?

Ⅱ お役立ち単語集

1 고유수사
固有数詞

韓国語の固有数詞は 99 までありますが、すべて組み合わせで言えます。
個数、枚数、年齢など、ものを数える場合は、ほとんど固有数詞を使います。

1 ハナ ハン 하나(한)	2 トゥル トゥ 둘(두)	3 セッ セ 셋(세)	4 ネッ ネ 넷(네)	5 タソッ 다섯
6 ヨソッ 여섯	7 イルゴプ 일곱	8 ヨドル 여덟	9 アホプ 아홉	10 ヨル 열
11 ヨラナ 열하나	12 ヨルトゥル 열둘	13 ヨルセッ 열셋	14 ヨルレッ 열넷	15 ヨルタソッ 열다섯
16 ヨルリョソッ 열여섯	17 ヨリルゴプ 열일곱	18 ヨルリョドル 열여덟	19 ヨラホプ 열아홉	20 スムル スム 스물(스무)
30 ソルン 서른	40 マフン 마흔	50 シュィン 쉰	60 イェスン 예순	70 イルン 일흔
80 ヨドゥン 여든	90 アフン 아흔	99 アフナホプ 아흔아홉		

固有数詞を使う単位（助数詞）

個 ケ 개	枚 チャン 장	杯 チャン 잔	時 シ 시	名 ミョン 명

2 한수사
漢数詞

お金、電話番号、年月日など、ごく一部のものは漢数詞で数えます。

一 イル **일**	二 イ **이**	三 サム **삼**	四 サ **사**	五 オ **오**
六 ユㇰ **육**	七 チル **칠**	八 パル **팔**	九 ク **구**	十 シㇷ゚ **십**
十一 シ ビル **십일**	十二 シ ビ **십이**	十三 シㇷ゚ サム **십삼**	十四 シㇷ゚ サ **십사**	十五 シ ボ **십오**
十六 シㇺニュㇰ **십육**	十七 シㇷ゚ チル **십칠**	十八 シㇷ゚ パル **십팔**	十九 シㇷ゚ ク **십구**	二十 イ シㇷ゚ **이십**
三十 サㇺ シㇷ゚ **삼십**	四十 サ シㇷ゚ **사십**	五十 オ シㇷ゚ **오십**	六十 ユㇰ シㇷ゚ **육십**	七十 チル シㇷ゚ **칠십**
八十 パル シㇷ゚ **팔십**	九十 ク シㇷ゚ **구십**	百 ペㇰ **백**	千 チョン **천**	万 マン **만**
十万 シㇺ マン **십만**	百万 ペン マン **백만**	千万 チョンマン **천만**	億 オㇰ **억**	零／ゼロ ヨン　コン **영／공**

3 달력
カレンダー

月

1月 イルォル 일월	2月 イウォル 이월	3月 サムォル 삼월	4月 サウォル 사월
5月 オウォル 오월	6月 ユウォル 유월	7月 チルォル 칠월	8月 パルォル 팔월
9月 クウォル 구월	10月 シウォル 시월	11月 シビルォル 십일월	12月 シビウォル 십이월

曜日など

月曜日 ウォリョイル 월요일	火曜日 ファヨイル 화요일	水曜日 スヨイル 수요일	木曜日 モギョイル 목요일
金曜日 クミョイル 금요일	土曜日 トヨイル 토요일	日曜日 イリョイル 일요일	1週間 イルチュイル 일주일
休日 ヒュイル 휴일	祝日 コンヒュイル 공휴일	クリスマス休暇 クリスマス ヒュガ 크리스마스 휴가	夏休み ヨルム ヒュガ 여름 휴가